工程力学实验教程

李 君 徐飞鸿 主 编
祝 军 曹水东 李承云 参 编

中南大学出版社
www.csupress.com.cn
·长沙·

普通高校土木工程专业系列精品规划教材

编审委员会

总　序

　　土木工程是促进我国国民经济发展的重要支柱产业。近30年来，我国公路、铁路、城市轨道交通等基础设施以及城市建筑进入了高速发展阶段，以高速、重载和超高层为特征的建设工程，其对安全性、经济性和耐久性等的高标准要求向传统的土木工程设计、施工技术提出了严峻挑战。面对新挑战，国内外土木工程行业的设计、施工、养护技术人员和科研工作者在工程实践和科学研究工作中，不断提出创新理念，积极开展基础理论和技术创新，研发了大量的新技术、新材料和新设备，形成了成套设计、施工和养护的新规范和技术手册，并在工程实践中大范围应用。

　　土木工程行业的发展日新月异，对现代土木工程专业技术人才培养提出了迫切需求。教材建设和教学内容是人才培养的重要环节。为向普通高校本科生全面、系统和深入阐述公路、铁路、城市轨道交通以及建筑结构等土木工程领域的基础理论和工程技术成果，中南大学出版社、中南大学土木工程学院组织国内土木工程领域一批专家学者组成"普通高校土木工程专业系列精品规划教材"编审委员会，共同编写这套系列教材。通过多次研讨，确定了这套土木工程专业系列教材的编写原则：

　　1. 系统性

　　本系列教材以《土木工程指导性专业规范》为指导，教材内容满足城乡建筑、公路、铁路以及城市轨道交通等领域的建筑工程、桥梁工程、道路工程、铁道工程、隧道与地下工程和土木工程管理等方向的需求。

　　2. 先进性

　　本系列教材与21世纪土木工程专业人才培养模式的研究成果密切结合，既突出土木工程专业理论知识的传承，又尽可能全面反映土木工程领域的新理论、新技术和新方法，注重各领域内容的充实与更新。

　　3. 实用性

　　本系列教材针对90后学生的知识与素质特点，以应用型人才培养为目标，注重理论知识与案例分析相结合，传统教学方式与基于现代信息技术的教学手段相结合，重点培养学生的工程实践能力，提高学生的创新素质。这套教材可作为普通高校土木工程专业本科生的课程教材，还可作为其他层次学历教育和短期培训的教材和广大土木工程技术人员的专业参考书。

4. 严谨性

本系列教材的编写出版要求严格按照国家相关规范和标准执行,认真把好编写人员遴选关、教材大纲评审关、教材内容主审关和教材编辑出版关,尽最大努力提高教材编写质量,力求出精品教材。

根据本套系列教材的编写原则,我们邀请了一批长期从事土木工程专业教学的一线教师负责本系列教材的编写工作。但是,由于我们的水平和经验所限,这套教材的编写可能有不尽如人意的地方,敬请读者朋友们不吝赐教。编委会将根据读者意见、土木工程发展趋势和教学手段的提升,对教材进行认真修订,以期保持这套教材的时代性和实用性。

最后,衷心感谢全套教材的参编同仁,由于他们的辛勤劳动,编撰工作才能顺利完成。真诚感谢中南大学校领导、中南大学出版社领导的大力支持和编辑们的辛勤工作。

2021 年 1 月

前　言

  本书以培养面向基层的土木类应用型高级工程技术人才为宗旨，以巩固理论、工程应用和培养能力有机结合为编写原则，以工程力学涵盖的经典内容为重点，适当介绍了现代力学测试发展过程中的新进展、新内容，注重培养学生的自主学习和创新能力。

  为了适应大学本科教育扩大知识面、强化素质教育和弹性学制等教学改革的需要，结合实验全面开放的特点和要求，本书的内容编排既与"理论力学""材料力学"等课程密切联系，又保持自身的独立性。本书在编写过程中，根据"工程力学实验"教学的特点，在每项实验中，对实验目的、实验原理、设计性实验的设计方法、注意事项均有较详细的叙述。本书共六章，实验内容按模块编排。第1章概要介绍工程力学实验测试技术，包括机测法、电测法、光测法与现代测试技术。第2章为力学性能测试实验模块，介绍了主要的力学性能测试设备和4个力学性能测试实验。第3章为应变测量实验模块，介绍了应变测量实验仪器和9个应变测量实验。第4章为光测应力分析实验模块，介绍了光弹性实验仪器和4个光测应力分析实验。第5章为动力测试实验模块，介绍了动力测试实验仪器和和4个动力测试实验。第6章为现代测试技术实验模块，介绍了现代测试技术实验仪器和3个现代测试技术实验。全书的实验项目包含了教研、教改工作的提高性、研究性实验，也包含了涉及现代测试技术的提高性选修实验。

  本书主要面向土木类的大学本科生，可作为独立设课的"工程力学实验"教材，也可作为相关专业本科生、研究生的选修和自学教材。

  本书由长沙理工大学李君、徐飞鸿主编，祝军、曹水东、李承云参编。在编写过程中，得到了土木工程学院和教务处的指导与支持，在此一并致以衷心的感谢。

  由于编者的水平和时间所限，虽经努力，但缺点和差错在所难免，恳请同行和读者给予批评指正。

编　者

2022 年 1 月

目　录

第 1 章

工程力学实验测试技术

1.1　机测法与力学性能测试

材料在载荷作用下抵抗破坏的性能,称为材料的力学性能。材料的力学性能是零件或构件设计和选材时的主要依据,外加载荷性质不同(例如拉伸、压缩、扭转、冲击、循环载荷等),对材料要求的力学性能也不同。常说的力学性能主要有弹性、塑性、刚度、时效敏感性、强度、硬度、冲击韧性、疲劳强度和断裂韧性等。

为了有效地使用材料,首先必须要了解材料力学性能以及影响材料力学性能的各种因素。每种材料的力学性能与其相关的失效形式密切相关,如图 1-1 所示。因此,结合材料的失效形式,合理设计实验来研究材料各方面的力学性能具有重要意义。

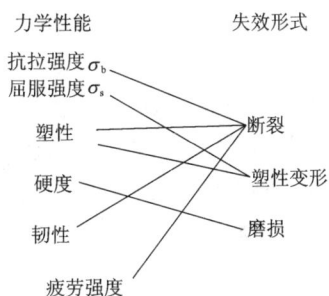

图 1-1　力学性能与失效形式的关系

测定材料在一定环境条件下受力或能量作用时所表现出的特性指标的实验,称为材料的力学性能实验。实验内容主要是测量材料的强度、硬度、刚性、塑性和韧性等。材料力学性能的测定与产品的设计计算、材料选择、工艺评价和材质的检验等有密切的关系。测出的力学性能数据不仅取决于材料本身,还与实验的条件有关。例如,取样的部位和方向,试样的形状和尺寸,实验时的加力特点,包括加载速度、环境介质的成分和温度等,都会影响实验结果。为了保证实验结果的相对可比性,通常要制订出统一的标准实验方法,对实验条件一一做出规定,以便实验时遵守。

力学性能实验可分为静力实验和动力实验两大类。静力实验包括拉伸实验、压缩实验、弯曲实验、剪切实验、扭转实验、硬度实验、蠕变实验、高温持久强度实验、应力松弛实验、断裂韧性实验等。动力实验包括冲击实验、疲劳实验等。

力学性能实验在各种特定的试验机上进行。试验机按传动方式分机械式和油压式两类。先进的现代材料试验机还带有计算机装置，可按编好的程序自动进行实验操作和控制，并可用图像和数字显示出结果，测试精度高，而且操作便利。

1.2　电测法与应变测量

电测法是指用传感元件将被测构件表面的力学量等非电量转换成电量进行测量的一种实验方法。电测法不仅是工程力学实验的一种基本方法，而且还是解决工程问题及开展相关科学研究的一种重要手段。

应变测量是以电阻应变计作为传感元件来测定构件表面的应变，再根据应力－应变的关系确定构件表面应力状态的一种实验应力分析方法。测量过程是先将电阻应变计粘贴在构件表面，当构件变形时，电阻应变计的电阻值将发生相应的变化，从而引起电路中电流（或电压值）的改变，然后利用电阻应变仪将电流（或电压值）的变化量测定出来并换算成应变值进行输出，如图 1 － 2 所示。应变测量是一种将机械应变量转换成电量进行测试的方法。

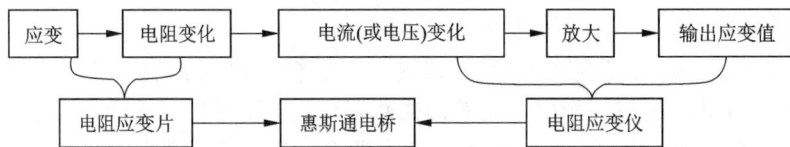

图 1 － 2　应变测量过程示意图

应变测量的优点是：

①测量灵敏度和精度高，其最小应变为 1 $\mu\varepsilon$（$\mu\varepsilon$ 为微应变，1 $\mu\varepsilon = 10^{-6}\varepsilon$）。在常温静态测量时，误差一般为 1% ～3%；动态测量时，误差为 3% ～5%。

②测量范围广，可测 － 200000 ～200000 $\mu\varepsilon$；力或重力的测量范围为 10 ～100000 N。

③频率响应好，可以测量从静态到数十万赫兹的动态应变。

④轻便灵活，在现场或野外等恶劣环境下均可进行测试。

⑤能在高、低温或高压环境等特殊条件下进行测量。

1.3　光测法与应力分析

工程力学实验的光测法，是应用光学原理和光学仪器对带有物体力学信息的光学图像进行量测分析进而研究力学问题的一门实验技术。经典的光弹性测试技术（光弹性方法）是从 1816 年布儒斯特（D. Brewster）发现人工双折射现象开始的，后来麦克斯威（J. C. Maxwell）和纽依曼（F. Neumann）分别从应力和应变出发建立了光学－应力定律，奠定了光弹性方法的基础。

1906 年，高分子材料赛璐珞（celluloid）问世，大大推动了光测法的发展。1932 年，英国的柯克（E. G. Coker）和菲伦（G. Filon）的专著 *Treatise on Photoelasticity*（《光测弹性力学》）出版。随后世界各国的实验工作者对光弹性在广度和深度方面做出了进一步研究，提出了一些新的实验技术和方法，如小数条纹补偿技术、分离应力分量的斜射法、切应力差法、斜率平衡法、光弹性散光法、光弹性收敛法、三维光弹性法以及光弹性贴片法等，并尝试采用更灵敏的光弹性新材料——酚醛树脂塑料等。从 20 世纪 50 年代开始，环氧树脂材料因其光学灵敏度高，便于制作模型，特别是整体浇铸三维光弹性模型，被广泛用于光弹性实验，为开展三维光弹性研究创造了有利条件。用光弹性方法还可以研究动应力和应力波的动光弹性，研究温度应力的热光弹性和塑性应力状态的光塑性等。

光弹性贴片法使光测法直接面向工程成为可能。光弹性贴片法是把灵敏性材料(例如环氧树脂)涂在(或贴在)被测物体的表面，用反射式光弹仪来量测物体的应力。这样不用制作模型，可以根据需要观察某个测点的应力(把塑料涂或贴在那个地方)，十分方便。与光弹性贴片法相类似的方法还有光弹性应变计（包括双向应变计和单向应变计)法，都可直接贴在被测物体上，观察应力。

全息摄影应用于光测法，使全息光弹性法和全息干涉法问世。全息光弹性法不仅可以得到主应力差相等的等差线，还可以得到主应力和相等的等和线，从而可以求得物体的主应力。

全息干涉法则根据对变形物体拍摄的全息底片上包含有物体的变形信息，提取并计算出物体的变形。全息干涉法的应用，改变了传统的光测法只计算物体的应力的概念，使得光测力学的方法更为多样，应用也更广泛。全息干涉法可以测量物体的二维变形，也可测量三维变形。全息干涉法还可测量物体的振动。在技术上，全息干涉法又分为外差全息干涉术和夹层全息干涉术等，精度较高，应用广泛。

在应用全息干涉法进行全息摄影时，全息底片上出现的噪声，降低了全息图条纹的质量。在研究消除这种噪声的影响的过程中，发现了散斑，即由于物体表面的漫反射，当激光照射时其反射光波在物体表面前的空间发生干涉而形成随机分布的斑点。散斑带有物体表面变形的信息，可以高精度地检测出物体表面各点的位移，这就是激光散斑法。激光散斑法有单光束散斑法(包括主观散斑和客观散斑)、双光束散斑法、位错散斑干涉法和散焦散斑法等。由于激光散斑法所用仪器设备比较简单，对隔振的要求也比全息干涉法低，更容易应用于工程实际。

在激光散斑法的基础上，又提出了白光散斑法，用普通光源照射物体，使实验更容易实现。白光散斑法可直接测取物体的变形，位错散斑法和散焦散斑法则可直接测取物体的应变，并计算其应力，使散斑法应用范围更广。

欧洲人在从中国进口的丝绸上发现了一种花纹，称之为 Moire 即云纹，它与光弹性测试技术中的云纹惊人的相似。光测云纹法把两个间距相同的栅板重叠在一起时，如一个栅板的间距变化，或方向转动，则会出现明暗相间的条纹，这就是云纹。由云纹可以知道一个栅线的变形(间距改变)或方向转动。如把栅线贴在(或刻在)物体表面上，由云纹就可计算物体表面的面内位移和转角，也可以计算位移导数及应力。影像云纹法得到的条纹是物体表面的等高线，可以测量物体的离面位移。反射云纹法可测量板的变形曲率。

焦散线是光线通过奇异场产生的一种几何曲线，1960 年开始被用来量测裂纹尖端奇异应力场的应力强度因子，后来进一步发展为用以量测弹塑性应力、塑性应力、接触应力、复合材料胶结区应力强度。焦散线法还用以研究动态裂纹的扩展和动态应力强度因子等。

光测实验需要完成数据采集、数据计算和实验成果整理，实现实验自动化也是光测法的追求目标。采用光测法首先必须解决条纹辨识,再将其转化为电信号,然后才能进行运算。实现光测实验自动化有两种途径:一种是直接将光信号变为电信号再输出到计算系统,这就是早期的自动光弹仪。它可以自动打印出各测点的等差线条纹级数和等倾线的角度值,把这些信息通过接口逐点送入计算机或磁盘,再按计算程序计算出结果(给出应力值或位移值)。另一种途径是用摄像机对全场条纹图逐点扫描、分辨、处理后送入磁盘,然后再进行计算。后一种方法可针对不同的光测方法(如光弹性、云纹法,散斑法等),只要调用不同的软件程序,即可计算出相应的结果。此外为了提高精度和精确分辨条纹信息,还提出了一些新的技术,如光载波技术,扫描云纹等。总之,图像处理技术还有很大的发展空间。

1.4　现代测试技术

伴随科学技术的迅猛发展,工程力学实验测试技术在不断的研究和探索中逐渐形成"敏感元件(传感器)—信号调理—A/D 转换—计算机、网络技术的数据采集与处理"的清晰思路,萌生出了现代测试技术,例如数字图像测量技术、无损检测等。

1.4.1　数字图像测量技术

数字图像测量是现代测试技术的重要内容之一。数字图像测量技术是通过计算机对图像进行去除噪声、增强、复原、分割、提取特征等处理的方法和技术。

进行数字图像测量所需的仪器包括摄像机、数字图像采集器(包括同步控制器、模数转换器及帧存储器)、图像处理计算机和图像显示终端。主要的处理任务通过图像处理软件来完成。为了对图像进行实时处理,需要非常高的计算速度,通用计算机无法满足,需要专用的图像处理系统。这种系统由许多单处理器组成阵列式处理机,并行操作,以提高处理的实时性。随着超大规模集成电路的发展,专门用于各种处理算法的高速芯片,即图像处理专用芯片,会有较大的市场空间。

1. 数字图像测量常用方法

(1)图像变换

由于图像阵列很大,直接在空间域中进行处理,涉及的计算量很大。因此,往往采用各种图像变换的方法,如傅立叶变换、沃尔什变换、离散余弦变换等间接处理技术,将空间域的处理转换为变换域处理,不仅可以减少计算量,还可以获得更有效的处理(如傅立叶变换可在频域中进行数字滤波处理)。新兴研究的小波变换在时域和频域中都具有良好的局部化特性,它在图像处理中也有着广泛而有效的应用。

(2)图像编码压缩

图像编码压缩技术可减少描述图像的数据量(即比特数),以节省图像传输、处理时间和减少所占用的存储器容量。压缩可以在不失真的前提下获得,也可以在允许的失真条件下进行。编码是压缩技术中最重要的方法,在图像处理技术中是发展最早且比较成熟的技术。

(3)图像增强和复原

图像增强和复原的目的是为了提高图像的质量,如去除噪声,提高图像的清晰度等。图像增强不考虑图像降质的原因,突出图像中所感兴趣的部分。如强化图像高频分量,可使图像中的物体轮廓清晰，细节明显；如强化低频分量可减少图像中的噪声影响。图像复原要求对图像降质的原因有一定的了解，一般来讲应根据降质过程建立降质模型，再采用某种滤波方法，恢复或重建原来的图像。

（4）图像分割

图像分割是数字图像处理中的关键技术之一。图像分割是将图像中有意义的特征部分提取出来。其有意义的特征有图像中的边缘、区域等，这是进一步进行图像识别、分析和理解的基础。虽然已研究出不少边缘提取、区域分割的方法，但还没有一种普遍适用于各种图像的有效方法。因此，对图像分割的研究还在不断深入之中，是图像处理中研究的热点之一。

（5）图像描述

图像描述是图像识别和理解的必要前提。最简单的二值图像可采用其几何特性描述物体的特性，一般图像的描述方法采用二维形状描述，有边界描述和区域描述两类方法。对于特殊的纹理图像可采用二维纹理特征描述。随着图像处理研究的深入发展，已经开始进行三维物体描述的研究，提出了体积描述、表面描述、广义圆柱体描述等方法。

（6）图像分类（识别）

图像分类（识别）属于模式识别的范畴，其主要内容是图像经过某些预处理（增强、复原、压缩）后，进行图像分割和特征提取，从而进行判决分类。图像分类常采用经典的模式识别方法，有统计模式分类和句法（结构）模式分类，近年来新发展起来的模糊模式识别和人工神经网络模式分类在图像识别中也越来越受到重视。

2. 数字图像测量基本特点

（1）处理信息量很大

数字图像处理的信息大多是二维信息，处理信息量很大。如一幅 256×256 低分辨率黑白图像，要求约 64 kbit 的数据量；对高分辨率彩色 512×512 图像，则要求 768 kbit 的数据量；如果要处理 30 帧/秒的电视图像序列，则每秒要求 500 kbit ~ 22.5 Mbit 数据量。因此对计算机的计算速度、存储容量等要求较高。

（2）占用频带较宽

数字图像处理占用的频带较宽。与语言信息相比，占用的频带要大几个数量级。如电视图像的带宽约为 5.6×10^6 Hz，而语音带宽仅为 4×10^3 Hz 左右。所以在成像、传输、存储、处理、显示等各个环节的实现上，技术难度较大，成本亦高，这就对频带压缩技术提出了更高的要求。

（3）各像素相关性大

数字图像中各个像素是不独立的，其相关性大。在图像画面上，经常有很多像素有相同或接近的灰度。就电视画面而言，同一行中相邻两个像素或相邻两行间的像素，其相关系数可达 0.9 以上，而相邻两帧之间的相关性比帧内相关性还要大些。因此，图像处理中信息压缩的潜力很大。

（4）无法复现全部信息

由于图像是三维景物的二维投影，一幅图像本身不具备复现三维景物的全部几何信息的能力，很显然三维景物背后部分信息在二维图像画面上是反映不出来的。因此，要分析和理解三维景物必须做合适的假定或附加新的测量，如双目图像或多视点图像。在理解三维景物时需要知识导引，这也是人工智能中正在致力解决的知识工程问题。

（5）受人的因素影响较大

数字图像处理后的图像一般是给人观察和评价的，因此受人的因素影响较大。由于人的视觉系统很复杂，受环境条件，视觉性能，人的情绪、爱好以及知识状况影响很大，作为图像质量的评价还有待进一步深入地研究。另一方面，计算机视觉模仿人的视觉，人的感知机理必然影响着计算机的视觉。例如，什么是感知的初始基元，基元是如何组成的，局部与全局感知的关系，优先敏感的结构、属性和时间特征等，这些都是心理学和神经心理学正在着力研究的课题。

1.4.2　无损检测

无损检测，是利用声、光、磁和电等特性，在不损害或不影响被检对象使用性能的前提下，检测被检对象中是否存在缺陷或不均匀性，给出缺陷的大小、位置、性质和数量等信息，进而判定被检对象所处技术状态（如合格与否、剩余寿命等）的所有技术手段的总称。

无损检测是在物理学、材料科学、断裂力学、机械工程、电子学、计算机技术、信息技术以及人工智能等学科的基础上发展起来的一门应用工程技术。随着现代工业和科学技术的发展，无损检测技术正日益受到各个工业领域和科学研究部门的重视，在产品质量控制中其不可替代的作用已被众多科技人员和企业界所认同，同时对运行中设备的在役检查也发挥着重要作用。与破坏性检测相比，无损检测有以下特点：第一是具有非破坏性，因为它在做检测时不会损害被检测对象的使用性能；第二具有全面性，由于检测是非破坏性，因此必要时可对被检测对象进行100%的全面检测，这是破坏性检测办不到的；第三具有全程性。破坏性检测一般只适用于对原材料进行检测，如机械工程中普遍采用的拉伸、压缩、弯曲等；对于产成品和在用品，除非不准备让其继续服役，否则是不能进行破坏性检测的。而无损检测因不损坏被检测对象的使用性能，所以，不仅可对制造用原材料、各中间工艺环节、最终成品进行全程检测，也可对服役中的设备进行检测。

无损检测分为常规检测技术和非常规检测技术。常规检测技术有超声检测、射线检测、磁粉检测、渗透检验、涡流检测。非常规无损检测技术有声发射检测、红外检测、激光全息检测等。较常用的有超声检测和红外检测。

1. 超声检测

超声检测主要用于金属板材、管材和棒材，铸件、锻件和焊缝以及桥梁、房屋建筑等混凝土结构、构件的检测。

超声检测的基本原理是：利用超声波在界面（声阻抗不同的两种介质的结合面）处的反射和折射以及超声波在介质中传播过程中的衰减，由发射探头向被检件发射超声波，由接收探头接收从界面（缺陷或本底）处反射回来的超声波（反射法）或透过被检件后的透射波（透射法），以此检测材料是否存在缺陷，并对缺陷进行定位、定性与定量。

超声检测的优点：

①适用于金属、非金属和复合材料等无损检测。

②穿透能力强，可对较大厚度范围内的材料内部缺陷进行检测。如对金属材料，可检测厚度为 1~2 mm 的薄壁管材和板材，也可检测几米长的钢锻件。

③缺陷定位较准确。

④对面积型缺陷的检出率较高。

⑤灵敏度高，可检测材料内部尺寸很小的缺陷。

⑥检测成本低、速度快，设备轻便，对人体及环境无害，现场使用较方便。

2. 红外检测

目前，红外检测已广泛应用于电力设备、石化设备、机械加工过程检测、火灾检测、农作物优种、材料的缺陷无损检测，在建筑工程质量检测方面也有应用，如建筑外墙剥离的检测，玻璃幕墙、门窗保温绝热性、防渗漏的检测，装饰面砖粘贴质量和安全的检查，墙面、屋面渗漏检查等。

红外检测的基本原理是：用红外点温仪、红外热像仪等设备，测取目标物体表面的红外辐射能，并将其转变为直观形象的温度场，通过观察该温度场的均匀与否，来推断目标物体表面或内部是否有缺陷。

红外检测的优点：

①非接触性。红外检测的实施是不需要接触被检目标的，被检目标可静可动，可以是具有高达数千摄氏度的热体，也可以是温度很低的冷体。

②安全性极强。检测过程对人员和设备材料不会构成任何伤害，即使被检目标是有害于人类健康的物体，这种危险也是可以避免的。

③检测准确。红外检测的温度分辨率和空间分辨率都可以达到相当高的水平，检测结果准确度很高。例如，它能检测出 0.1℃ 甚至 0.01℃ 的温差；也能在数毫米大小的目标上检测出其温度场的分布。红外显微检测甚至还可以检测小到 0.025 mm 左右的物体表面，这在线路板的诊断上十分有用。

④检测效率高。红外探测系统的响应时间都以秒或毫秒计，扫描一个物体只需数秒或数分钟即可完成，所以其检测速度很高。特别是在红外设备（如红外热成像仪）诊断技术的应用中，往往是在热像仪的运行当中就已完成红外检测，对其他方面很少有影响，检测结果的处理保存也相当简便。

第 2 章

力学性能测试实验模块

2.1 力学性能测试设备

2.1.1 电子万能材料试验机

材料试验机是测定材料力学性能的常用设备。常用的材料试验机有拉力试验机、压力试验机、扭转试验机、冲击试验机、疲劳试验机等。能兼作拉伸、压缩、弯曲、剪切等多种实验的试验机称为万能材料试验机(简称万能机)。万能材料试验机的类型有很多,如液压式、机械式、电子式等。其中,电子万能材料试验机由于其测试的精度高并采用计算机控制,已逐渐成为科研和教学的主流机型。本节将以 CMT5105 型电子万能材料试验机为例,介绍其构造和操作方法。

1. 电子万能材料试验机构造

电子万能材料试验机主要由主机部分和微机控制部分组成。

(1)主机部分

电子万能材料试验机的主机部分由上横梁、移动横梁、立柱和机箱等组成。试验机的结构如图 2-1 所示。上横梁、立柱和机箱组成一个门式框架,移动横梁由滚珠丝杆驱动,可在门式框架内上下移动;移动横梁的上部和上横梁的下部装有拉伸夹具,移动横梁下部和机箱的上部装有压缩夹具。门式框架右边的立柱上装有一个控制开关盒,用以调整移动横梁的位置,便于试件的装夹;机箱内封装了伺服器、减速机等。其中,伺服电机的作用是在接到速度控制单元的指令后,驱动传动系统带动滚珠丝杆转动,滚珠丝杆推动横梁向上或向下移动,从而实现对试件的加载。移动横梁的向上或向下位移通过光电编码位移传感器记录,移动的上、下极限位置由立柱旁限位杆上的挡圈控制。试件所受的载荷和变形以及横梁的位移可以通过相应的传感器(力传感器、引伸计)和光栅编码器转换成电信号,经放大器放大,再经 A/D 转换成数字信号后输入到微机控制部分进行处理和显示。如果微机控制部分还外接有其他显示设备,数字信号也可通过所接外围设备进行显示。

(2)微机控制部分

电子万能材料试验机的微机控制部分主要由计算机、打印机等组成,如图 2-2 所示。根据具体需要,还可以加入其他外接设备。微机控制部分的主要功能是进行实验的前处理和后

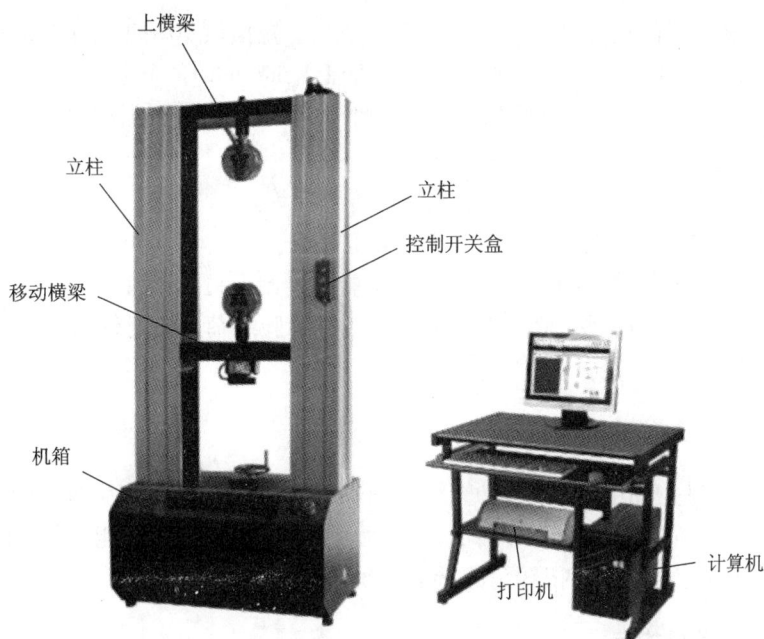

图 2 - 1　试验机的结构

处理以及实验过程的控制和显示,通过安装于计算机内的配套专用软件实现实验测试方案的选择、实验配件及参数的设置,实现对接收到的实验信号进行加工处理,并给出最终的实验结果或实验报告。

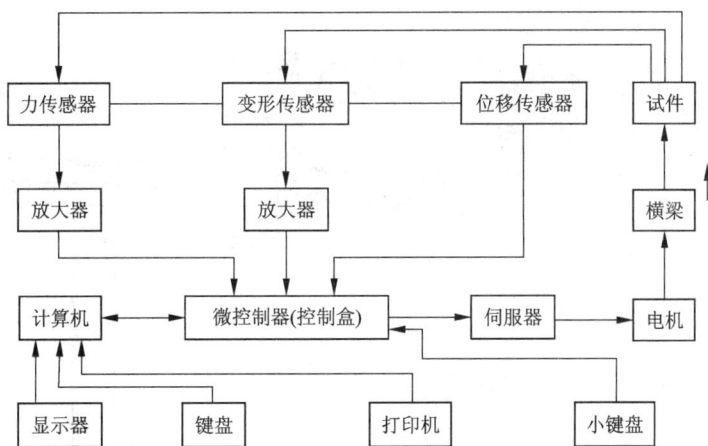

图 2 - 2　电子万能材料试验机的微机控制部分

2. 电子万能材料试验机操作步骤

电子万能材料试验机操作步骤如下:

①开机。检查试验机的开关是否处于原始状态,然后按先开主机部分后开微机控制部分

的顺序依次打开试验机的电源开关。注意每次开机后，先预热 10 min，待系统稳定后，再进行实验工作。若刚刚关机，需要再开机，至少要保证 1 min 的时间间隔。

②进行实验设置。打开 PC 机的配套专用软件 Power Test，进行测试内容、测试配件和相应的参数设定。

③安装实验所需的实验配件，如实验夹头、传感器等。

④安装试件。拉伸试件先夹下夹头，然后夹上夹头。

⑤进行实验。点击软件中的"运行"按钮，试验机开始运行给试件加载。

⑥结束实验。实验完毕后，记录实验数据，卸掉实验载荷，关闭仪器电源，将实验仪器复原，清理实验现场。

2.1.2　电子扭转试验机

电子扭转试验机主要用于测量各种金属材料在扭转作用下的抗扭强度、切变模量等，其结构简单，具有自动对正、试样夹持预负荷自动消除、过载保护等功能，实验设定和实验过程自动跟踪，操作方便，扭矩、扭转角测量准确。

1. 电子扭转试验机构造

电子扭转试验机整机由主机、主动夹头、从动夹头、扭转角测量装置以及电控测量系统等组成。试验机的结构如图 2 - 3 所示。

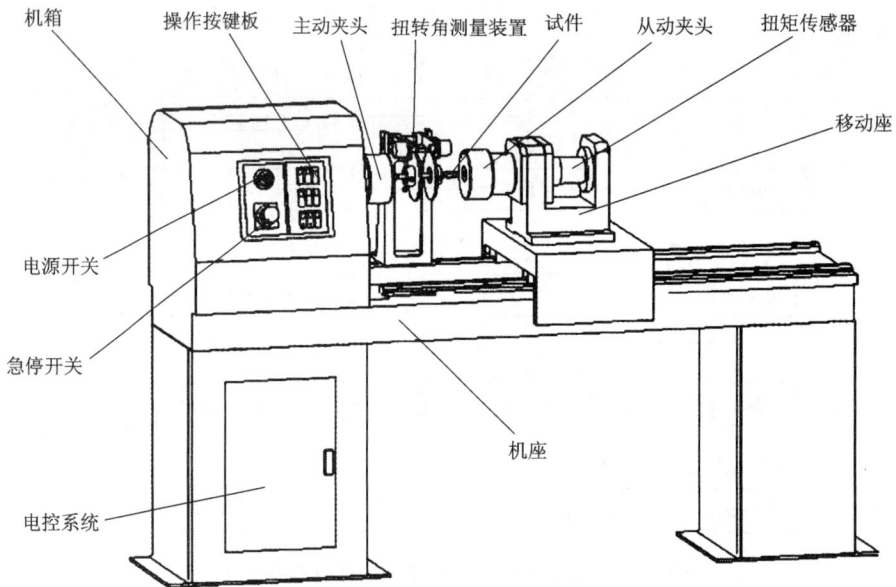

图 2 - 3　电子扭转试验机的结构

主机由机座、机箱、传动系统和移动座等组成。传动系统由交流伺服电机、皮带和带轮、减速器、皮带张紧装置等组成。移动支座由支座和扭矩传感器组成。

移动座固定在机座上的直线导轨上，扭矩传感器固定在移动座上，可沿导轨直线移动。

通过试件传递过来的扭矩使传感器产生相应的变形,发出电信号,通过电缆将该信号传入电控部分。由计算机进行数据采集和处理,并将结果显示在屏幕上。

扭转角测量装置由卡盘、定位环、移动座、转动臂、测量辊、光电编码器组成。卡盘固定在试件的标距位置上,试件在加载负荷的作用下产生形变,从而带动卡盘转动,同时通过测量辊带动光电编码器转动。由光电编码器输出角脉冲信号,发送给电控测量系统处理,然后通过计算机将扭转角显示在屏幕上。

试件夹头有两个,主动夹头安装在减速器出轴端,从动夹头安装在移动座上的扭矩传感器上,试件夹持在两个夹头之间。当主动夹头被电机驱动时,试件所承受的力矩经从动夹头传递给扭矩传感器,转换成测量电信号,发送给电控测量系统处理。电控测量系统原理如图 2-4 所示。

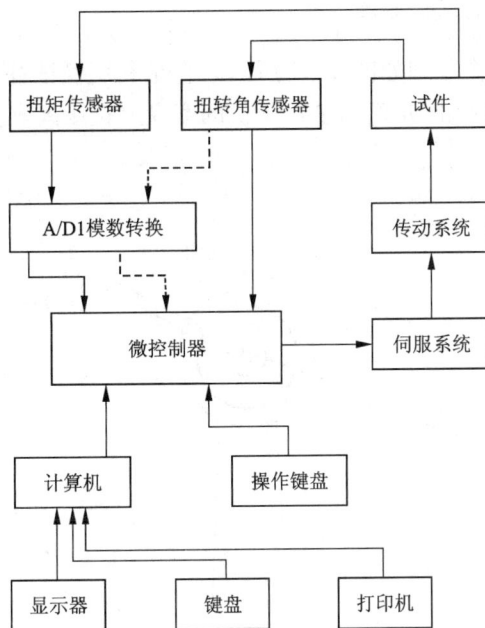

图 2-4　电控测量系统原理

2. 电子扭转试验机操作步骤

电子扭转试验机操作步骤如下:

①打开主机电源开关,启动计算机,使机器预热时间不小于 10 min。

②根据计算机的提示,设定实验方案。

③装夹试件。先按"对正"按键,使两夹头对正。如发现夹头有明显的偏差,按下"正转"或"反转"按键进行微调。将试件的一端放入从动夹头的钳口间,扳动夹头的手柄将试件夹紧。

④按"扭矩清零"按键或实验操作界面上的扭矩"清零"按钮。

⑤推动移动座,使试件的头部进入主动夹头的钳口间。

⑥先按下"试样保护"按键,然后慢速扳动夹头的手柄,直至将试件夹紧。

⑦按"扭转角清零"按键,使电脑显示屏上的扭转角显示值为零。

⑧按"运行"键,开始实验。

⑨实验结束,取下试件,记录实验数据,切断电源,整理现场。

2.1.3　摆锤冲击试验机

冲击试验机按照冲击方式可分为落锤式、摆锤式和回转圆盘式三种类型,其中应用最广的是摆锤式冲击试验机。摆锤式冲击试验机广泛应用于冶金、机械制造以及科研院所的冲击韧性实验,用于测定金属材料在动负荷下抵抗冲击的性能,以检验材料在冲击载荷下的性质和冲击韧性。冲击试验机的精度指标及冲击能量满足《摆锤式冲击试验机的检验》(GB/T 3808—2002),《摆锤式冲击试验机》(JJG 145—2007)的要求。

1. 摆锤式冲击试验机的工作原理

摆锤式冲击试验机工作原理如图 2 - 5 所示。它是利用摆锤冲击前后的能量差,来确定冲断试件所消耗的功 W_k,冲击功 W_k 可从试验机的度盘上直接读取。

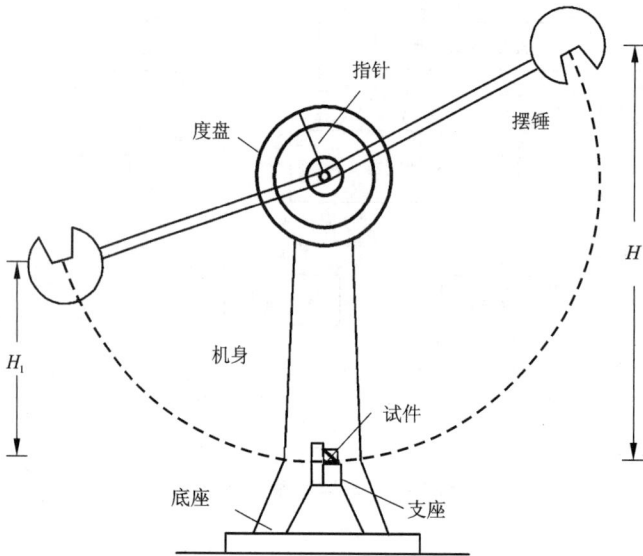

图 2 - 5　摆锤式冲击试验机工作原理

H—冲击前摆锤扬起的高度;H_1—冲击后摆锤扬起的高度

2. 摆锤式冲击试验机的操作步骤

摆锤式冲击试验机的操作步骤如下:

①估算冲击所需能量,选择摆锤。

②将摆锤抬至锁定位置,将指针拨到最大值,空打一次,检查刻度盘上的指针是否回到零点,否则应进行修正。

③安装试件,使试件缺口背对刀刃,并用对中样板使其对中。

④进行实验,将操纵杆推向预备位置,抬高摆锤,听到锁住声响后方可慢慢松手;在确

认摆锤摆动范围内无人和其他障碍物时，推动操纵杆至冲击位置，摆锤下落。待回摆后，将操纵杆推至制动位置，记录读数。

　　⑤取下试件，机器复原。

3. 注意事项

　　①操作冲击试验机，务必注意安全。
　　②安装试件时，严禁高抬摆锤。
　　③摆锤摆动停止前不得捡取试件。

2.1.4　纯弯疲劳试验机

1. 纯弯疲劳试验机的工作原理

　　纯弯疲劳试验机构造原理如图 2 - 6 所示。两个空心轴 2 支撑在两个滚珠轴承 3 上，将试件 1 的两端分别夹紧在两个空心轴中，试件与空心轴构成一个整体；开动电机 4，这个整体就在软轴 5 的带动下转动，横杆 6 挂在滚珠轴承 7 上，处于静止状态。横杆中央的砝码盘上放置砝码 8 时，在试件中段将产生纯弯曲变形。实验时，试件每旋转一周，试件上承受的拉、压应力就交替变化一次；试件经过一定次数循环后，发生断裂，其循环次可由转数计得出。

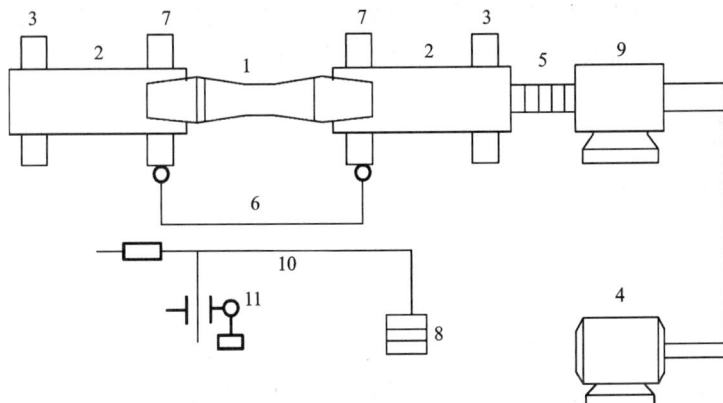

图 2 - 6　纯弯疲劳试验机构造原理

1—试件；2—空心主轴；3—滚动轴承；4—电机；5—软轴；6—横杆；7—滚珠轴承；
8—砝码；9—转数计；10—杠杆；11—加载手轮

2. 纯弯疲劳试验机的操作步骤

　　纯弯疲劳试验机的操作步骤如下：
　　①检查、试机。开动电机使其空转，检查电机运转是否正常。
　　②装夹试件。将试件装入试验机，牢固夹紧，安装时试件与试验机转轴间要保持良好的同心度(用手慢慢转动试验机转轴时，千分表试件上测得的上、下跳动量应小于 0.02 mm；试验机空载运转时，测得的上、下跳动量应小于 0.06 mm)。
　　③进行实验。加载前，先开动机器，再迅速而无冲击地将砝码加到预定值，记录下转数

计的初读数。试件断裂后，记录下读数。

3. 注意事项

①在试验机开动时须注意安全，在软轴和皮带轮处应安装安全罩。
②开动试验机使试件旋转后，再迅速而无冲击地施加载荷。
③实验时，如因试验机转速过高而使试件发热，则需降低转速或采取冷却措施。

2.2　力学性能测试实验实例

2.2.1　低碳钢与铸铁材料的拉伸与压缩实验

1. 实验目的

①测定低碳钢材料在常温、静载拉伸条件下的屈服极限 σ_s、强度极限 σ_b、延伸率 δ 和断面收缩率 ψ。
②测定铸铁材料在常温静载拉伸与压缩条件下的强度极限 σ_b。
③观察材料拉伸或压缩过程中出现的实验现象，分析 $P - \Delta L$（载荷 - 变形）图的特征。
④比较低碳钢与铸铁材料的力学性能特点，根据试件断口特征分析其破坏原因。
⑤了解电子万能材料试验机的构造原理，熟悉其使用方法。

2. 仪器设备

①电子万能材料试验机。
②游标卡尺。

3. 试件

在测试某一力学性能参数时，为了避免试件尺寸和形状对实验结果的影响，便于各种材料力学性能测试结果的相互比较，一般采用国家标准规定的比例试件。

国家标准规定拉伸比例试件应符合以下关系：$L_0 = K\sqrt{A_0}$，A_0 为试件原始横截面面积，mm^2。对于圆形截面试件，K 值通常取 5.65 或 11.3，即直径为 d_0 的圆形截面试件标距长度分别为 $5d_0$ 或 $10d_0$。本实验采用 $L_0 = 10d_0$ 的比例试件，如图 2 - 7 所示。

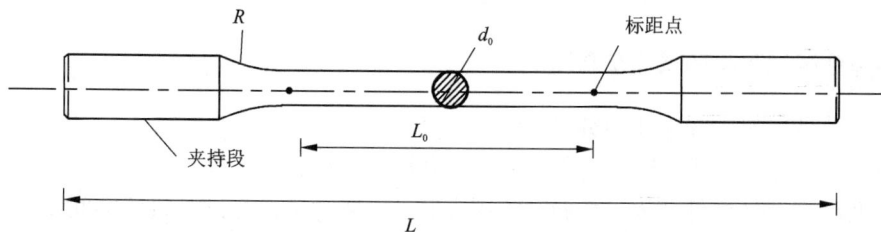

图 2 - 7　拉伸试件

L—试件总长度，mm；L_0—试件原始标距，mm；R—试件过渡半径，mm；d_0—试件原始直经，mm

金属材料的压缩试件一般制成如图 2 - 8 所示的圆柱形。试件不宜过长(过长容易被压弯),也不宜过于粗短(过于粗短的试件两端面受摩擦力的影响较大)。国家标准规定:

$$h_0 = (1 \sim 2) d_0$$

式中: h_0 为压缩试件的原始高度, mm。

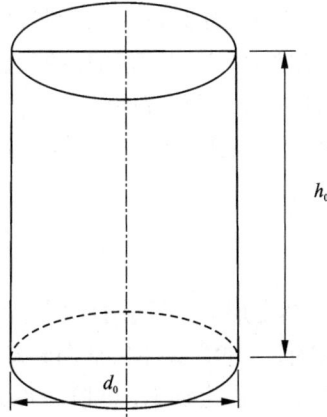

图 2 - 8　压缩试件

4. 实验原理

(1)低碳钢拉伸

实验时,实验软件能够实时地绘出试件载荷 P 与其变形量 ΔL 之间的关系曲线,如图 2 - 9 所示。该曲线可划分为如下 4 个阶段:

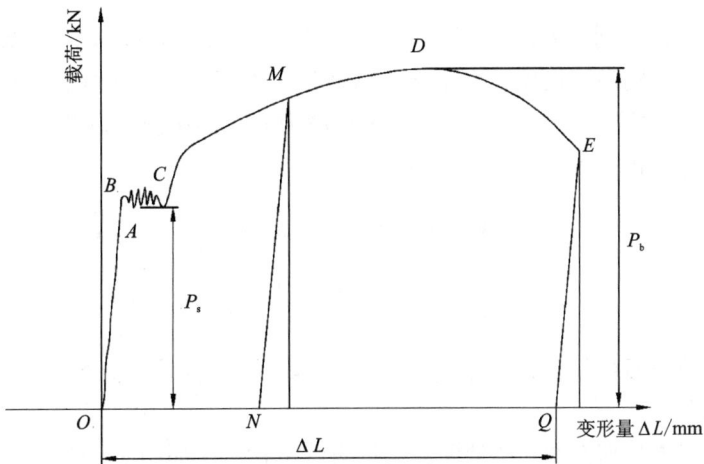

图 2 - 9　低碳钢拉伸曲线

1）弹性阶段。

弹性阶段为拉伸曲线中的 OB 段。在此阶段，试件的变形为弹性变形。OA 段直线为线弹性阶段，表明载荷与变形之间满足正比例关系。接下来的 AB 段是一非线弹性阶段，但仍满足弹性变形的性质。

2）屈服阶段。

过弹性阶段后，试件进入屈服阶段，其图形为锯齿状曲线 BC 段。此时，材料丧失了抵抗变形的能力。从图 2-9 可看出此阶段载荷虽没明显的增加，但变形继续增加；如果试件足够光亮，在试件表面可看到与试件轴线成 45°方向的条纹，即滑移线。在此阶段试件上的最小载荷即为屈服载荷 P_s，对应的应力为屈服极限 σ_s，其大小可以依据下式求出：

$$\sigma_s = \frac{P_s}{A_0} \tag{2-1}$$

3）强化阶段。

材料经过屈服后，要使试件继续变形，必须增加拉力，这是因为晶体滑移后增加了抗剪能力，同时散乱的晶体开始变得细长，并沿试件长轴向转动，趋于纤维状且呈现方向性，从而增加了抵抗变形的能力，使材料处于强化状态，此阶段称为材料的强化阶段（曲线 CD 段）。强化阶段在拉伸图上为一缓慢上升的曲线，曲线最高点对应的载荷为强度极限 P_b，其对应的应力为材料的强度极限 σ_b。其大小可以依据下式求出：

$$\sigma_b = \frac{P_b}{A_0} \tag{2-2}$$

若在强化阶段中某点停止加载并逐步卸载，可以发现一种现象——卸载规律，卸载时载荷与伸长量之间仍遵循直线关系，如果卸载后立即加载，则载荷与变形之间基本上还是遵循卸载时的直线规律，沿卸载直线上升至开始卸载时的 M 点，此现象称为冷作硬化。从图 2-9 可知，卸载时试件的伸长不能完全恢复，残留了塑性伸长段 OQ。

4）颈缩阶段。

当试件上的载荷达到最大值后，试件的变形沿长度方向不再均匀，在试件的某一薄弱处直径将显著缩小，出现颈缩现象。由于试件截面积急剧减小，试件所能承受的载荷也随之下降，最后，试件在颈缩处断裂。三向拉应力和切应力共同作用使试件断口呈倒杯锥形。

试件破坏后可以依据下列公式计算材料的塑性指标：

$$延伸率\ \delta = \frac{L_1 - L_0}{L_0} \times 100\% \tag{2-3}$$

$$断面收缩率\ \psi = \frac{A_0 - A_1}{A_0} \times 100\% \tag{2-4}$$

式中：L_1 为试件拉断后的标距，mm；A_1 为试件颈缩处最小横截面面积，mm^2。

（2）铸铁拉伸

铸铁拉伸时没有屈服阶段，拉伸图为接近直线的曲线，如图 2-10 所示。试件在变形很小时就达到最大载荷而突然发生破坏，实验时只需要测量试件承受的最大载荷 P_b。材料的拉伸强度极限可以依据下式计算。

$$\sigma_b = \frac{P_b}{A_0} \tag{2-5}$$

铸铁拉伸试件因为拉应力作用被破坏，断面为粗糙的平面断口。

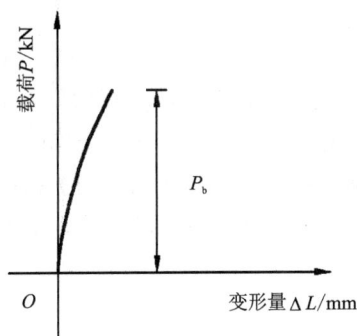

图 2-10　铸铁拉伸曲线

（3）铸铁压缩

铸铁在压缩过程中，试验机软件将描绘出一条与其拉伸时相似的 $P-\Delta L$ 曲线，如图 2-11 所示。所不同的是铸铁压缩到强度极限载荷 P_b 之前要产生较大的变形，试件由圆柱形被压缩成微鼓形直至破裂。此时试验机力值显示窗口显示力值迅速下降，而峰值力窗口记录了试件最大载荷 P_b。材料的强度极限可以依据式（2-2）计算。

铸铁破坏时，由于切应力的作用，破坏面出现在与试件轴线成 45°~50° 的斜面上。

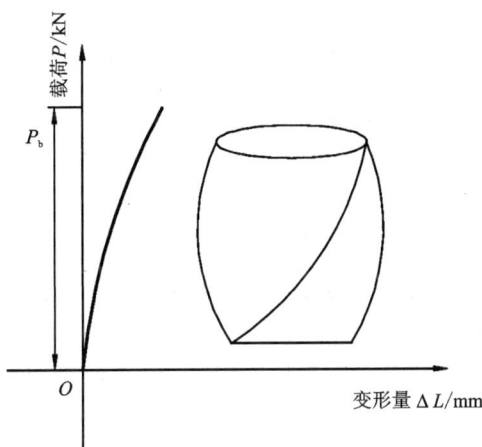

图 2-11　铸铁压缩曲线

5. 实验步骤

（1）低碳钢拉伸

1）尺寸测量。

①用游标卡尺测量试件标距部分的原始直径 d_0。在试件标距范围内，取中间和两端处三个截面，每个截面在两个相互垂直的方向上各测量一次，取其平均值作为该截面的平均直

径，然后取三个平均值中的最小值作为 d_0 来计算试件的原始横截面面积 A_0。

②测量试件的原始标距 L_0。用游标卡尺测量试件标距部分两标距点之间的距离，作为原始标距 L_0。

2）实验准备。

①先打开试验机主机电源开关，然后启动计算机软件 Power Test。

②装夹试件。先将试件的一端夹入试验机下夹具的钳口内；然后在实验软件中将力传感器清零，利用手动控制盒调整活动横梁到合适位置，用上钳口夹牢试件的另一端。

③点击实验软件主窗口界面上方工具栏内的"实验方案"按钮，选择对应的实验方案。

3）进行实验。

①点击"运行"按钮，开始实验。

②试件破坏后，记录屈服载荷 P_s 和极限载荷 P_b。

③取下试件，测量标距 L_1 和最小截面直径 d_1。将拉断后的试件紧密对接好，测量试件的标距 L_1。在试件颈缩处选择一最小截面，在此截面两个互相垂直的方向各测量一次直径，取两次测量结果的平均值作为拉断后颈缩截面直径 d_1。

④在菜单中选择脱机，然后依次关闭计算机、试验机，清理实验现场。

（2）铸铁拉伸

铸铁拉伸实验可参照低碳钢拉伸实验进行。铸铁的尺寸测量可以简化，只需测量试件中间一个截面的直径。在截面两个互相垂直方向各测一次，取两次测量结果的平均值作为试件原始直径 d_0；铸铁无须测量标距 L_0 和拉断后的标距 L_1、直径 d_1。

（3）铸铁的压缩

1）尺寸测量。

①用游标卡尺测量试件中间一个截面的直径。在截面两个互相垂直方向各一次，取两次测量结果的平均值作为试件原始直径 d_0。

②测量试件原始高度 h_0 一次。

2）实验准备。

①先打开试验机主机电源开关，然后启动计算机软件 Power Test。

②安装试件。将试件尽量准确地放在下压板的中心处，调整上压板至接近试件上截面约 2 mm 的位置，注意不要与试件接触。

③点击实验软件主窗口界面上方工具栏内的"实验方案"按钮，选择对应的实验方案。

3）进行实验。

①点击"运行"按钮，开始实验。

②试件破坏后，记录极限载荷。

③向上移动活动横梁，取下试件。

④在菜单中选择脱机，然后依次关闭计算机、试验机，清理实验现场。

6. 实验注意事项

①任何时候都不能带电插拔电源线和信号线。

②实验过程中，不能远离试验机。

③实验过程中，除停止键和急停开关外，不要按控制盒上的其他按键。

④实验结束后，请关闭所有电源。

2.2.2　低碳钢与铸铁材料的扭转实验

1. 实验目的

①测定低碳钢材料的剪切屈服极限 τ_s、剪切强度极限 τ_b。
②测定铸铁材料在常温、静载条件下的剪切强度极限 τ_b。
③比较低碳钢、铸铁试件在受扭时的变形规律及其破坏特征，分析试件的破坏原因。

2. 仪器设备

①电子扭转试验机。
②游标卡尺。

3. 实验原理

按国家标准规定，扭转试件为圆形截面，标距部分直径 d_0 为 10 mm，平行段长度 l 分别为 120 mm 或 70 mm，标距长 l_0 为 100 mm 或 50 mm。试件夹持部分的形状视扭转试验机夹头形式而定。扭转试件如图 2 - 12 所示。

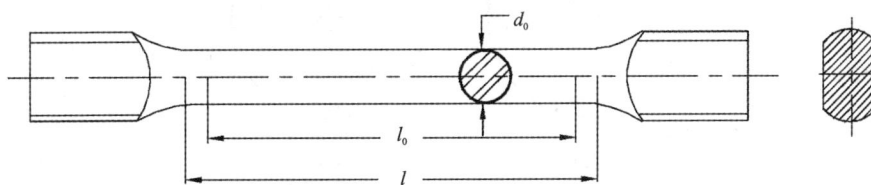

图 2 - 12　扭转试件

圆截面试件纯扭转变形时处于纯剪切应力状态。试件的扭转过程可用 $M_n - \Phi$（扭矩 - 扭转角）曲线来描述。实验时，试验机软件能够实时地绘出 $M_n - \Phi$ 关系曲线，如图 2 - 13 所示。

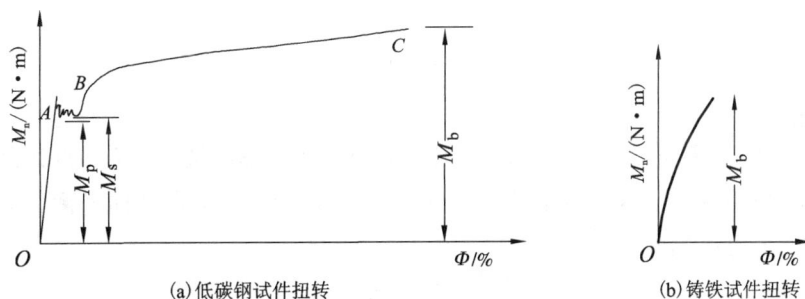

(a) 低碳钢试件扭转　　　　　(b) 铸铁试件扭转

图 2 - 13　$M_n - \Phi$ 曲线图

（1）低碳钢扭转

低碳钢试件扭转曲线如图 2 – 13（a）所示。该曲线可划分为如下 3 个阶段：

1）弹性阶段

弹性阶段为扭转曲线中的 OA 段。在此阶段，试件上的变形为弹性变形。从试验机自动绘制的 M_n – Φ 曲线可知，实验开始时扭转曲线呈直线上升，扭矩 M_n 与扭转角 Φ 成正比关系，弹性阶段最高点扭矩为弹性扭矩 M_p，试件横截面上切应力沿半径线性分布，最大切应力为剪切屈服极限 τ_s［图 2 – 14（a）］

2）屈服阶段

屈服阶段为扭转曲线中的 AB 段。当扭矩达到一定数值时，M_n – Φ 曲线由上升直线转变为锯齿状曲线或水平线，横截面上的切应力不再呈线性分布，随着扭矩的增加，试件横截面上的塑性区逐渐向圆心扩展，形成环形塑性区［图 2 – 14（a）］。继续扭转变形，塑性区不断向圆心扩展，直到塑性区占据全部截面［图 2 – 14（b）］。

这一阶段 M_n – Φ 曲线段的最小值即为屈服时所对应的扭矩 M_s，根据平衡关系有：

$$M_s = \int_A \tau_s \rho dA = \tau_s \int_A \rho dA = \frac{4}{3} \tau_s W_n$$

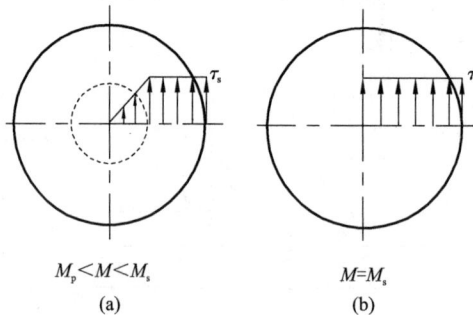

图 2 – 14　低碳钢试件横截面切应力分布图

式中：ρ 为试件横截面上一微面积 dA 与圆心的距离，mm；W_n 是试件的抗扭截面模量，$W_n = \frac{\pi d^3}{16}$，d 为圆截面试件直径，mm。故 τ_s 等于：

$$\tau_s = \frac{3}{4} \cdot \frac{M_s}{W_n} \tag{2-6}$$

3）强化阶段

试件继续受扭，材料进入强化阶段，扭矩图 M_n – Φ 曲线继续缓慢上升，直到扭矩达到极限扭矩 M_b，试件发生断裂。这一阶段试件变形非常显著。同样，根据截面平衡关系，可推导出剪切强度极限 τ_b 为：

$$\tau_b = \frac{3}{4} \cdot \frac{M_b}{W_n} \tag{2-7}$$

（2）铸铁扭转

铸铁试件受扭时，从实验开始到破坏，其变形都很小。由图 2 – 13（b）可以看出，图形呈近似直线的曲线。其横截面切应力分布图如 2 – 15 所示。

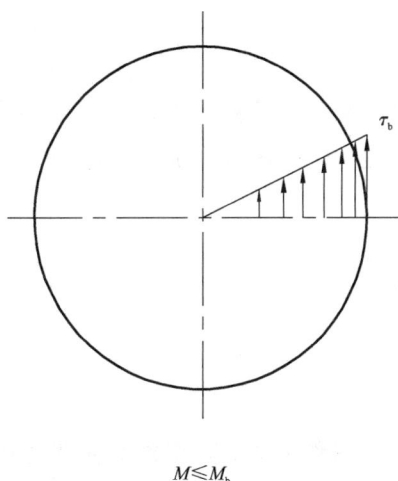

$$M \leqslant M_b$$

图 2 – 15　铸铁试件横截面切应力分布图

根据截面的平衡条件,可得铸铁剪切强度极限 τ_b 的计算公式:

$$\tau_b = \frac{M_b}{W_n} \qquad\qquad (2 - 8)$$

4. 实验步骤

(1) 尺寸测量

在标距两端及其中间处取三个截面,每个截面在两个相互垂直方向上各测一次直径,并取其算术平均值作为该截面直径。最后取三个算术平均值中的最小值来计算试件抗扭截面模量 W_n。

(2) 实验准备

①先打开试验机主机电源开关,然后启动计算机软件 Power Test。

②装夹试件。先将试件的一端插入主动夹头,然后点击试验机上"对正"按钮使主动夹头和从动夹头方向对正,水平移动从动夹头,将试件插入从动夹头,旋紧夹头两边夹紧螺钉。用粉笔在试样表面上划一条平行于试样轴线的直线,以便观察受扭时的变形。

③点击实验软件主窗口界面上方工具栏内的"实验方案"按钮,选择对应的实验方案。

(3) 进行实验

①点击"运行"按钮,开始实验。

②试件破坏后,记录屈服扭矩和极限扭矩。

③移动从动夹头,取下试件。

④在菜单中选择脱机,然后依次关闭计算机、试验机,清理实验现场。

2.2.3 低碳钢与铸铁材料的冲击实验

1. 实验目的

①测定低碳钢、铸铁的冲击韧度 α_k，了解金属在常温下冲击韧性指标的测定方法。
②观察塑性材料与脆性材料受冲击破坏时的断口情况，并进行比较。

2. 实验设备

①摆锤式冲击试验机。
②游标卡尺。

3. 实验原理

在理想情况下，构件在冲击荷载作用时，其积蓄的应变能在数值上等于冲击力所做的功，因此，衡量材料在冲击载荷下力学性能好坏所用的指标，应该是材料破坏时冲击力所做的功，通常称其为材料的冲击功。工程中通常用每单位断口面积冲击力所做的功来表示，称为材料的冲击韧度 α_k。由于试件尺寸、缺口形状和支承方式将影响冲击韧度 α_k 的大小，因此，实验必须遵照国家标准，实验结果才有比较意义。本实验按国家标准《金属材料夏比摆锤冲击试验方法》(GB/T 229—2007)进行。

（1）试件制备

国标规定用 10 mm × 10 mm × 55 mm 带有 2 mm 深的 U 形缺口试件（即梅氏试件）来测量材料的冲击韧度，如图 2 – 16 所示。

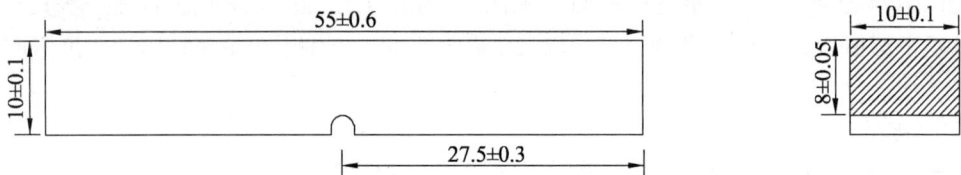

图 2 – 16　U 形缺口试件

（2）测试原理

冲击试验机由摆锤、机身、支座、度盘、指针等几部分组成（图 2 – 5）。实验时将有缺口的试件安放在试验机的支座上，并使缺口位于试件的受拉侧，摆锤从一定高度自由下落，将试件冲断。由功能原理可知，试件被冲断时所吸收的功 $W_1 = Q(H - H_1)$，实际上摆锤在上升和下落过程中，由于空气阻力和轴承摩擦等因素的影响要消耗一部分能量 W_2，因此试件被冲断时实际所吸收的功 $W = W_1 - W_2$，冲击试验机度盘上的标尺，已按 $W = W_1 - W_2$ 换算，所以冲断试件所吸收的功可直接从试验机刻度盘上读出。弯曲冲击时的冲击韧度 $\alpha_k = W/A$，式中 W 是试件冲断时实际所吸收的功，A 为试件缺口处横截面积。

冲击韧度 α_k 对温度的变化很敏感，当材料处于低温条件下，其韧性下降，材料会产生明显的脆性化倾向，常温冲击实验一般在 $(20 \pm 5)℃$ 的温度下进行，当温度不在这一范围内时，应注明实验温度。

4. 实验步骤

①记录室温。

②测量试件尺寸：用游标卡尺测量试件缺口底部处横截面尺寸。

③试验机准备：将摆锤抬起，指针拨至最大值，空打一次，检查刻度盘上的指针是否回到零点，否则应进行修正。

④安装试件：稍抬摆锤，并将其置于支架上。将试件放在冲击机的支座上，紧贴支座，缺口朝里，背向摆锤刀口，并用对中样板使其对中。

⑤进行实验：将操纵杆推向预备位置，抬高摆锤，待听到锁住声响后方可慢慢松手；注意检查摆锤摆动范围内是否有人或其他障碍物。只有在看清楚没有任何危险的情况下，才能推动操纵杆至冲击位置，摆锤下落，待回摆后，将操纵杆推至制动位置，摆锤即停；记录读数。

⑥结束工作：取下试件，机器复原。

5. 注意事项

①操作冲击试验机，务必注意安全。

②安装试件时，严禁高抬摆锤。

③摆锤摆动停止前不得捡取试件。

2.2.4 金属材料的疲劳实验

1. 实验目的

①了解测定材料持久极限的实验方法。

②观察疲劳破坏的断口，分析其破坏原因。

③了解纯弯疲劳试验机的工作原理。

2. 仪器设备

①纯弯疲劳试验机。

②游标卡尺。

③放大镜。

3. 实验原理

（1）试件制备

测定材料的持久极限一般需 13 根以上的有效试件。试件制备应符合国标《金属材料疲劳试验 - 旋转弯曲方法》(GB/T 4337—2015)的规定，光滑圆柱形标准试件如图 2 - 17 所示，其直径 d 为 6 mm、7.5 mm、9.5 mm。d 的尺寸公差为 ±0.05 mm；其夹持端之间的距离 L 为 40 mm，其表面不应有任何刀痕等缺陷；夹持端直径 D 的大小因疲劳试验机不同而异，没有统一规定。

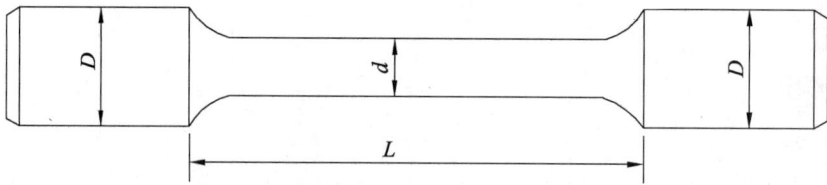

图 2 - 17　标准试件

（2）测试原理

材料破坏前所经历的循环次数称为疲劳寿命 N。施加在试件上的应力越小，则疲劳寿命越长。常常以破坏循环次数为 10^7 或 10^8 所对应的最大应力值作为条件疲劳极限。此处 10^7 或 10^8 称为循环基数。若试件经受了 10^7 次应力循环而没有出现疲劳裂纹或断裂，则称试件"通过"，反之，则称为"失效"（"破坏"）。测定材料的疲劳极限，采用国标推荐的"升降法"测试时，预先估计一个疲劳极限值，在此应力水平上实验第一根试件。若试件在达到了规定的循环次数之前就破坏了，则应力降低一级，进行第二次实验；反之，则将应力增加一级进行实验。如此，对所有的试件一个一个地相继实验下去，便得到升降图。在实验前合理地选择实验应力增量（一般为预计疲劳极限的 3% ~5%），使得整个实验 4 ~5 级应力水平上进行。

根据升降图，对最初几次实验结果进行取舍。首先考察出现"相反结果"（从破坏到通过或从通过到破坏）之前的实验数据，若这些数据超出了以后数据的应力波动范围，则将这些数据舍弃，对应的试件作为无效试件处理；若这些数据在以后数据的应力波动范围之内，则可将其作为有效数据加以利用，即在实验过程中应陆续将它们平移到"相反结果"之后，作为该试件所在应力水平下的第一个有效数据，如图 2 - 18。

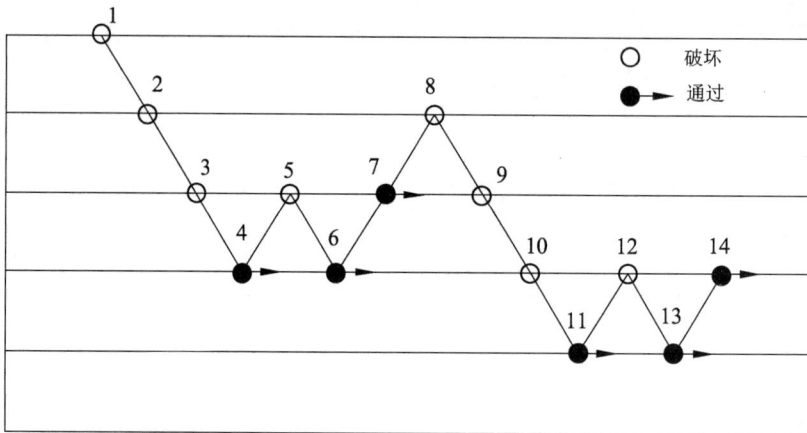

图 2 - 18　升降图

材料的疲劳极限按下式计算：

$$\sigma_{R(N)} = \frac{1}{m}\sum_{i=1}^{n}\upsilon_i\sigma_i \qquad (2-9)$$

式中：$\sigma_{R(N)}$ 为应力比为 R 时指定疲劳寿命为 N 的条件疲劳极限；m 为有效实验总次数（破坏或通过的数据均计算在内）；n 为实验应力水平级数；υ_i 为第 i 级应力水平下的实验次数（$i=1,2,3,\cdots,n$）；σ_i 为第 i 级应力水平。

4. 实验步骤

①试件准备。
②尺寸测量。
③取一根试件作拉伸实验，测定材料的强度极限 σ_b。
④试验机准备，装夹试件。
⑤开机实验。

5. 注意事项

①在试件没有装好之前，禁止开启电机。
②开动试验机，使试件旋转后，要迅速又无冲击地将砝码加到预定值。

思考题

1. 拉伸实验中为什么要采用比例试件？
2. σ_s 和 σ_b 是试件所受屈服载荷和极限载荷时对应的真实应力吗？为什么？
3. 国标对压缩试件的尺寸有什么要求？为什么？
4. 描述低碳钢拉伸试件断口特征，分析其破坏原因。
5. 描述铸铁扭转试件断口特征，分析其破坏原因。
6. 分析冲击实验误差产生的原因。
7. 绘出金属材料疲劳破坏断口，指出其特征。

第3章

应变测量实验模块

3.1 应变测量实验仪器

3.1.1 电阻应变计

电阻应变计(又称电阻应变片)由基底、敏感栅、引线、覆盖层用胶水粘贴而成。基底和覆盖层主要起隔离、保护敏感栅的作用,引线则起连接电阻丝与测量导线的作用。在常温条件下的应力 – 应变测试工作中常用的电阻应变计是常温金属箔式电阻应变计,其构造如图3 – 1所示。这种应变计的敏感栅是厚度为 0.003 ~ 0.01 mm 的康铜或镍铬金属箔片涂上底胶,利用光刻技术腐蚀成栅状的。该应变计尺寸准确,敏感栅可以制成各种形状,散热面积大,疲劳寿命长,横向效应小,测量精度高,适宜于长期测量,并可作为传感器的敏感元件。

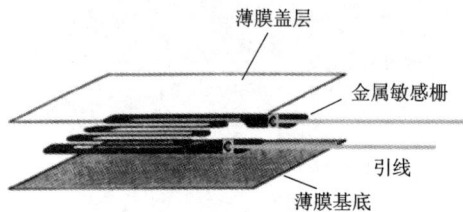

图 3 – 1　常温金属箔式电阻应变计的构造

电阻丝受到拉伸(或压缩)时,电阻值会发生变化。电阻丝的电阻 R 与其长度 L 成正比,与其横截面积 A 成反比,并与材料的电阻率 ρ 有关,它们的关系为:

$$R = \rho \frac{L}{A}$$

为了求得电阻的变化,上式取对数后再微分,得

$$\frac{\mathrm{d}R}{R} = \frac{\mathrm{d}\rho}{\rho} + \frac{\mathrm{d}L}{L} - \frac{\mathrm{d}A}{A} \tag{3 – 1}$$

式中:$\frac{\mathrm{d}L}{L}$ 为电阻丝长度的相对变化。

显然:

$$\frac{\mathrm{d}L}{L} = \varepsilon \tag{3-2}$$

式中：ε 为电阻丝的线应变。

电阻丝处于单向受力状态，它的截面面积的相对变化和式（3-2）间的关系可根据泊松效应表示为：

$$\frac{\mathrm{d}A}{A} = 2\left(-\mu \frac{\mathrm{d}L}{L}\right) = -2\mu\varepsilon \tag{3-3}$$

式中：μ 为电阻丝材料的泊松比。

将式（3-2）、式（3-3）式代入式（3-1），得：

$$\frac{\mathrm{d}R}{R} = \frac{\mathrm{d}\rho}{\rho} + \varepsilon + 2\mu\varepsilon = \varepsilon\left(\frac{\mathrm{d}\rho/\rho}{\varepsilon} + 1 + 2\mu\right) \tag{3-4}$$

令

$$K = \left(\frac{\mathrm{d}\rho/\rho}{\varepsilon} + 1 + 2\mu\right) \tag{3-5}$$

将式（3-5）代入式（3-4），则：

$$\frac{\mathrm{d}R}{R} = K \cdot \varepsilon \tag{3-6}$$

若用电阻增量表示则式（3-6）近似为

$$\frac{\Delta R}{R} = K \cdot \varepsilon \tag{3-7}$$

或

$$\varepsilon = \frac{\dfrac{\Delta R}{R}}{K} \tag{3-8}$$

式中：K 为电阻应变计的灵敏系数，K 值的大小与敏感栅的材料及形状等因素有关，一般由生产厂家抽样标定并在产品包装上标明。

在使用电阻应变计进行应变测量时，必须有一个恰当的方法来检测其阻值的微小变化。通常的方法是把电阻应变计接入某种电桥，而这种电桥能把电阻应变计电阻值的微小变化转换成输出电压的变化，之后再对这个电信号进行相应的处理就可以得到我们所需的应变。目前应变仪大都采用惠斯通电桥电路来测量电阻应变计的电阻值变化。

如图 3-2 所示，若桥臂 AB、BC、CD、DA 均由因实验所需粘贴的电阻应变计 R_1、R_2、R_3、R_4 连接而成，由电工学原理可知：

$$
\begin{aligned}
U &= U_{\mathrm{BA}} - U_{\mathrm{DA}} \\
&= I_1 R_1 - I_2 R_4 \\
&= \frac{R_1 R_3 - R_2 R_4}{(R_1 + R_2)(R_3 + R_4)} V
\end{aligned} \tag{3-9}
$$

式中：V 为电源电压值，V；U 为 B、D 两点间的电压差，V；U_{BA} 为 B、A 两点间的电压差，V；U_{DA} 为 D、A 两点间的电压差，V；I_1 为通过 R_1、R_2 的电流，A；I_2 为通过 R_4、R_3 的电流，A。

如需 $U = 0$，则

$$R_1 R_3 = R_2 R_4 \tag{3-10}$$

式（3-10）为惠斯通电桥的平衡条件。

在电桥平衡后，假定构件受力，4 个桥臂上的电阻应变计均不同程度地产生微小的电阻

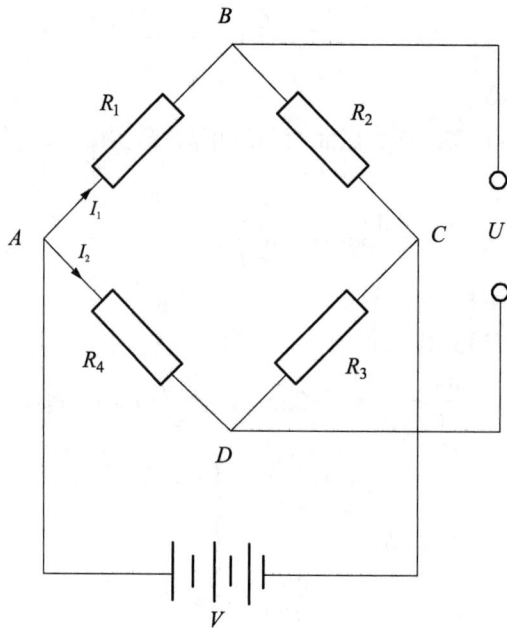

图 3 - 2　惠斯通电桥

增量 ΔR_1、ΔR_2、ΔR_3、ΔR_4，忽略高阶无穷小量，则由式(3 -9)可得：

$$U = \frac{V}{4}\left(\frac{\Delta R_1}{R_1} - \frac{\Delta R_2}{R_2} + \frac{\Delta R_3}{R_3} - \frac{\Delta R_4}{R_4}\right) \tag{3-11}$$

将 $\varepsilon = \dfrac{\Delta R/R}{K}$ 代入式(3 -11)得：

$$U = \frac{KV}{4}(\varepsilon_1 - \varepsilon_2 + \varepsilon_3 - \varepsilon_4) \tag{3-12}$$

式(3 -12)表明：相邻的桥臂应变值相减，相对的桥臂应变值相加，其输出电压与各桥臂上应变计的应变代数和成正比关系，这一特性称为电桥的加减特性。

在电阻应变测量中，温度变化而引起电阻的变化概括起来包括两方面：①当温度发生变化时，由于敏感栅的线膨胀系数与构件不同，电阻丝因受到附加的拉伸(或压缩)而造成电阻值的变化；②敏感栅材料受温度影响阻值发生变化。以上情况都将使所测得的应变中包含温度的影响，不能真实反映构件因受载荷引起的应变。排除温度影响的措施叫作温度补偿。目前消除温度影响的方法有两种：一是在常温测试中经常使用的桥路补偿法；二是利用温度自补偿应变片进行补偿的方法。桥路补偿法又可分为补偿片补偿法和工作片补偿法，下面分别介绍这两种方法。

1. 补偿片补偿法(1/4 桥)

粘贴在被测构件上的应变片称为工作片，粘贴在补偿块上的应变片称为补偿片。如图 3 -3(a)所示，接在电桥 AB 桥臂上的 R_1 为粘贴在被测构件上的工作片，接在电桥 BC 桥臂上的为粘贴在补偿块上的补偿片 R_2。当构件受力时，工作片反映出的应变包括：构件受力引起的应变 ε_{1p}，温度变化引起的应变 ε_{1T}。补偿片 R_2 因为不受力，所以仅感受由温度引起的应

变 ε_{2T}，即：

$$\varepsilon_1 = \varepsilon_{1P} + \varepsilon_{1T} \tag{3-13}$$

$$\varepsilon_2 = \varepsilon_{2T} \tag{3-14}$$

如果被贴构件与补偿块的材料相同，所贴电阻应变计的灵敏系数 K 相同，粘贴工艺相同，且被测构件与补偿块放置在同一温度场中（此即桥路补偿法的理想条件），则 $\varepsilon_{1T} = \varepsilon_{2T}$。$CD$、$DA$ 桥臂上接入的 R_3、R_4 是仪器内部电阻，所以 $\varepsilon_3 = \varepsilon_4 = 0$。根据电桥的加减特性，应变仪输出的结果 $\varepsilon_{仪}$ 为：

$$\varepsilon_{仪} = \varepsilon_1 - \varepsilon_2 + \varepsilon_3 - \varepsilon_4 = \varepsilon_{1P} + \varepsilon_{T1} - \varepsilon_{T2} = \varepsilon_{1P} \tag{3-15}$$

由此可见，温度变化产生的虚假应变 ε_T，由于桥路中接入温度补偿片而被消除。

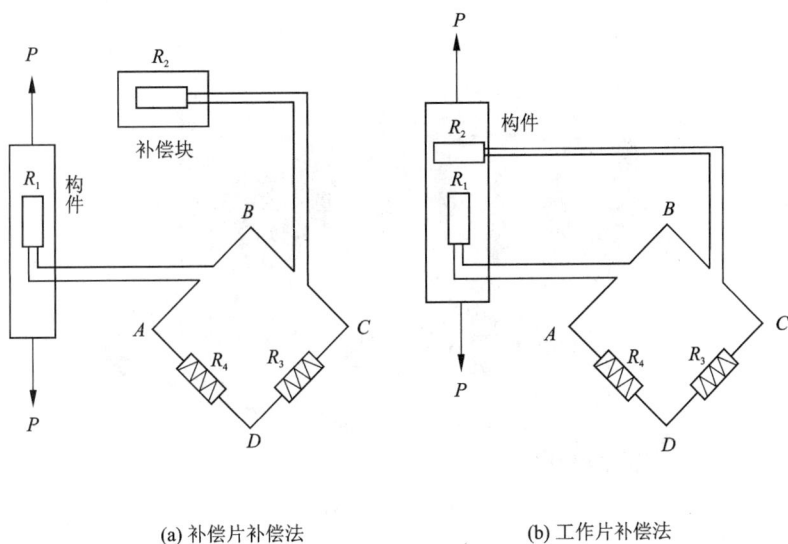

(a) 补偿片补偿法　　　　　　　　(b) 工作片补偿法

图 3-3　温度补偿技术

2. 工作片补偿法(半桥)

当应变片 R_1 与 R_2 均粘贴在被测构件上时，R_1、R_2 所感受到的应变分别为：

$$\varepsilon_1 = \varepsilon_{1P} + \varepsilon_{1T} \tag{3-16}$$

$$\varepsilon_2 = \varepsilon_{2P} + \varepsilon_{2T} \tag{3-17}$$

如果桥路补偿法的条件成立，则将 R_1、R_2 分别接入电桥中相邻的两个桥臂，则同样可以消除温度应变，起到温度补偿的作用。

如按图 3-3(b) 所示连接时有：

$$\varepsilon_2 = \varepsilon_{2P} + \varepsilon_{2T} = -\mu\varepsilon_{1P} + \varepsilon_{1T} \tag{3-18}$$

根据电桥的加减特性，有：

$$\varepsilon_{仪} = \varepsilon_1 - \varepsilon_2 + \varepsilon_3 - \varepsilon_4 = \varepsilon_{1P} + \varepsilon_{1T} - (-\mu\varepsilon_{1P} + \varepsilon_{1T}) = (1+\mu)\varepsilon_{1P} \tag{3-19}$$

由于电阻应变计应变输出线性好，精度高，具有长期的稳定性和耐久性，而且质量轻、体积小、价格低廉，因此应变测试技术应用范围非常广泛，既适用于实验室研究又适用于实际工程现场测试。

3.1.2　静态电阻应变仪

电阻应变仪是通过电桥把电阻应变计的电阻变化量转变成电信号，经过放大，再把放大的电信号转变成应变显示出来的一种专门用于测试应变的仪器。电阻应变仪按照测试频率可分为静态电阻应变仪、静动态电阻应变仪、动态电阻应变仪等。

UT7110Y 静态电阻应变仪如图 3 - 4 所示，具有 10 个测量通道，内置了由精密低温漂电阻组成的内半桥，同时又提供了公共补偿片的接线端，故每个通道都可通过不同的组桥方式组成全桥、半桥、1/4 桥（公共补偿片）的形式。只需按桥路形式连接示意图连接应变片，并在计算机软件中将"通道参数设置"中的"连接形式"一栏设为相应的桥路形式即可。UT7110Y 静态电阻应变仪还可连接应变式传感器测量力、位移等物理量，连接热电偶进行温度测量。

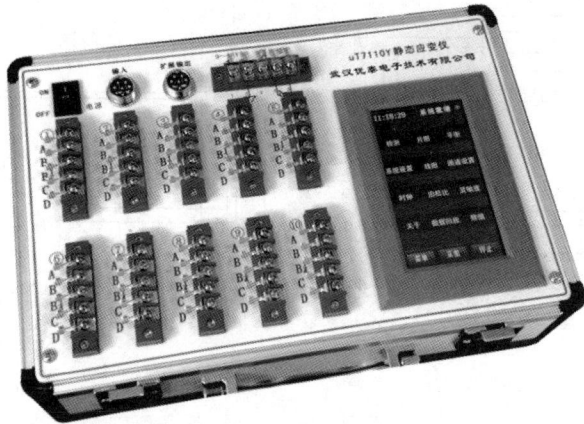

图 3 - 4　UT7110Y 静态电阻应变仪

1. 测量方式

使用 UT7110Y 静态电阻应变仪在进行应变测量时，有图 3 - 5 所示的几种桥路连接方法。

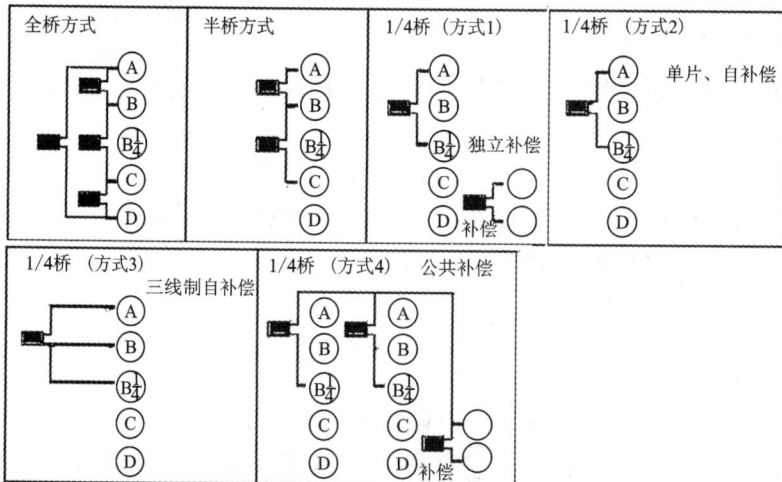

图 3 - 5　桥路连接方法

2. 测量步骤

①连接设备：将需要测量的信号连接到 UT7110Y 静态电阻应变仪上，注意接线方式。

②打开电源：打开 UT7110Y 静态电阻应变仪的电源，使每个 UT7110Y 静态电阻应变仪的液晶点亮。

③参数设置：系统联机正常后，将显示"参数设置"窗口，在此窗口中输入各参数。确认后，即进入测量待命状态。

3. 参数设置

(1) 参数设置主界面

设备开机后，在警告界面点击任意按键，将进入本设备的系统主界面(图 3-6)。此界面中，窗口上部显示当前设备时间，"系统就绪"表示系统工作正常；右上角显示"红色圆点"表示现在系统处于停止采集状态；显示"黄色圆点"表示现在系统处于采集状态。显示"绿色圆点"表示现在系统处于存储状态。

主要功能(菜单)：片阻、线阻、泊松比、灵敏度、限值、桥接方式、平衡、检测、系统设置、时钟、关于、数据回放。窗口下部：菜单、采集、停止。

(2) 灵敏度

点击"灵敏度"按键，弹出图 3-7 所示界面。

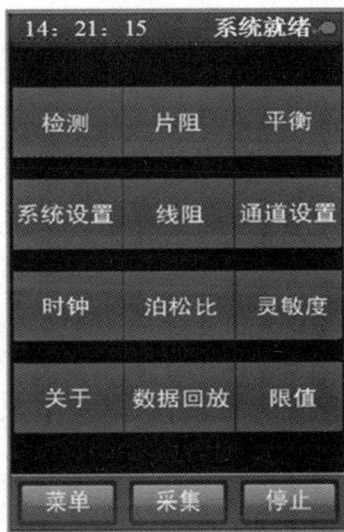

图 3-6　系统主界面　　　　图 3-7　灵敏度输入界面

当测点颜色为"绿色"表示已经选择，点击某一测点颜色变为"白色"，表示该测点没有选择。如果要全部选择，可以点击"菜单"。输入灵敏度值，点击"确认"。

(3) 通道设置

"通道设置"用来对通道进行传感器选择、校正因子和桥接方式、单位的选择设置。点击"通道设置"按键，弹出图 3-8 所示界面。

图 3-8 通道设置界面

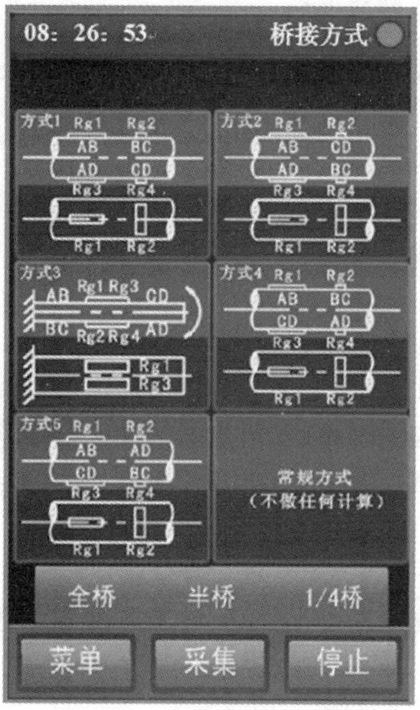

图 3-9 桥接方式设置界面

"通道设置"界面下可选择相应的传感器,点击"应变""电压""力传感器""位移传感器"进入相应的传感器设置界面。至少选择一个通道,点击"应变",则进入应变的"桥接方式"界面。"桥接方式"用于设置通道的每一种桥路应变片的连接方式,在测试过程中直接计算出应变大小。

点击"桥接方式"按键,弹出图 3-9 所示界面。首先点击"桥路"(全桥、半桥、1/4 桥),然后选择应变片连接方式。在通道选择为应变类型后,其相应通道的单位就默认为 $\mu\varepsilon$。以上操作在停止采集状态下进行。

(4)电桥预调平衡

点击"平衡"按键,弹出图 3-10 所示界面。当测点为"√"表示已经选择,当测点为"□"表示没有选择,平衡时,只平衡"√"的测点。点击该测点在"√"和"□"之间切换。或者"全选",然后点击平衡。平衡过程非常快,将内存中前一次采集的原始数据作为不平衡量保存,平衡即结束。以上操作在停止采集状态下进行。

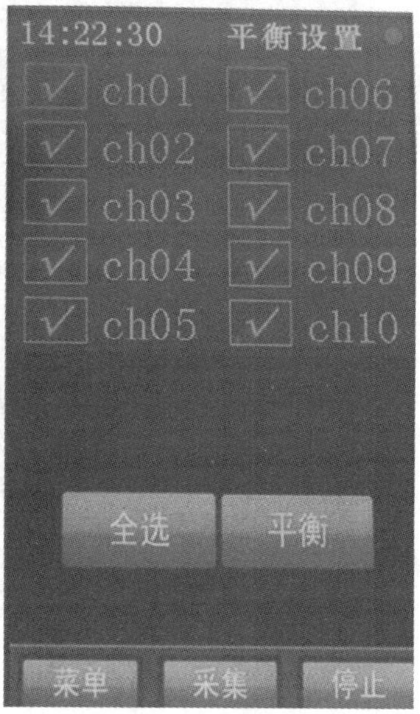

图 3-10 电桥平衡界面

（5）应变测量

点击"采集"按钮，进行应变采集。

3.1.3 动静态应变采集分析系统

UT7808 动静态应变采集分析系统，又称 UT7808 动静态应变仪，如图 3 – 11 所示。该应变仪采用 220 V 交流电压输入方式，适合不同行业现场使用，数据采集系统每个通道可以单独选择测量应变或者电压，采集方式简单。

1. UT7808 动静态应变仪的主要技术指标

①通道数：8 通道（可扩展）。

②采样速率：全部通道最高同步采样 5120 kHz，最低采样频率 1 Hz（采样频率可选：5120 Hz、4096 Hz、2560 Hz、2048 Hz、1280 Hz、1024 Hz、512 Hz、256 Hz、128 Hz、100 Hz、50 Hz、20 Hz、10 Hz、5 Hz、2 Hz、1 Hz 总共 16 挡）。

③测量分辨率：0.1 $\mu\varepsilon$（应变放大 64 倍时）。

④应变输入范围：– 120000 ~ 120000 $\mu\varepsilon$（应变放大 16 倍时）。

⑤计算机完成自动平衡、连续采样、定时采样的控制，以及任选将两测点的测量数据定义为 x 轴和 y 轴，边采样边绘制成曲线，完成函数记录仪（滞回曲线）的功能。

⑥具有丰富的分析处理功能，能进行时域及频域的处理，所有处理功能都可供在线、事后分析使用，其中时域分析包括计算最大值、最小值、平均值、均方差、曲线拟合等，频域分析包括幅值谱计算、功率谱计算、相关计算、相干分析、传函分析。

图 3 – 11 UT7808 动静态应变仪

2. 功能使用说明

电源输入：220 V 交流电电源输入，电压范围为 195 ~ 240 V。

指示灯：具有一个电源指示灯和一个工作指示灯，工作指示灯在采样时闪动。

USB 通信接口：USB2.0 高速接口。

接地：如果测试过程中存在噪声，该端子接地，可以有效降低噪声。

8 通道：应变、电压可选通道。

在使用 UT7808 动静态应变仪时，可以选择几个通道参与工作，使采集过程更加方便。同时将每个通道的工程单位、校正因子、通道标志、设备描述正确输入，以便进行正确分析。

3. 驱动安装

当 UT7808 动静态应变仪第一次接入相应计算机系统时，需要安装驱动程序。于 UT7808 动静态应变仪有 Windows 32 位和 64 位系统的区分，并且 DASYLab 版本的不同也会导致 A/D 设备协议接口有所区别，因此需要根据具体的操作系统和 DASYLab 的版本正确选择 UT7808 动静态应变仪驱动程序，否则可能会导致 UT7808 动静态应变仪不能被识别或运行异常。

（1）系统要求

操作系统：WindowsXP、Windows7。

PC 机配置：同 DASYLab 软件配置要求。

（2）准备

确保 DASYLab 软件已经正确安装。

将 UT7808 动静态应变仪通过 USB 接口连接到 PC 机上，并且打开其电源。

（3）安装

双击软件安装包中 🔧 uT78DriverSetup_DASYLab.exe 可执行程序，出现驱动安装界面后根据提示点击下一步（图 3-12），直到最后完成安装，出现如图 3-13 所示的提示。

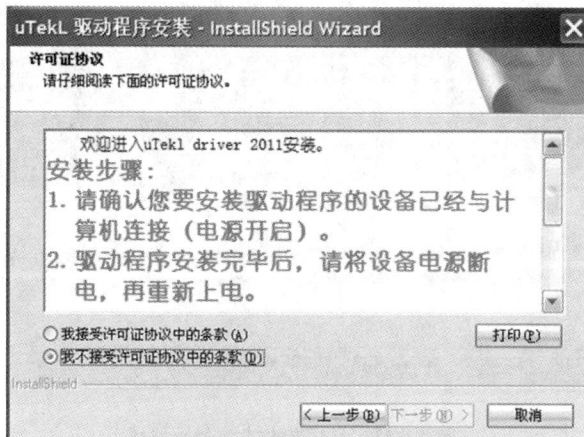

图 3-12　驱动程序安装界面

安装完毕后将 UT7808 动静态应变仪电源断电再重新通电。此时查看 Windows 系统"设备管理器"中的"通用串行总线控制器"中出现"UTekL7800 A/D Device"项,则表示 UT7808 动静态应变仪已经被正确识别。

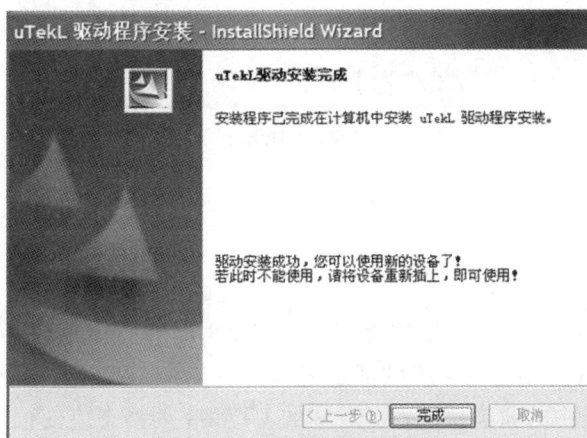

图 3 - 13　驱动程序安装完成界面

(4) DASYLab 加载驱动器

打开 DASYLab 软件,点击 DASYLab 的"Select Driver"菜单(图 3 - 14),将弹出"Select Driver"设置对话框。

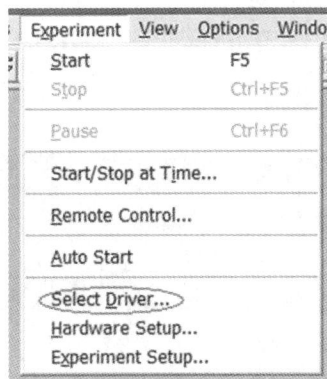

图 3 - 14　"Select Driver"设置对话框

选择加载 UT7808 动静态应变仪驱动器"UTek32_e"(图 3 - 15),点击"OK"按钮。"Select Driver"对话框可在安装的硬件驱动中选出一个,并且只能在退出和重新启动 Dasylab 后进行改变。

注:如果"Select Driver"对话框中没有 UTek32_e 的选项,则是驱动未安装成功,请按步骤重新安装一次。

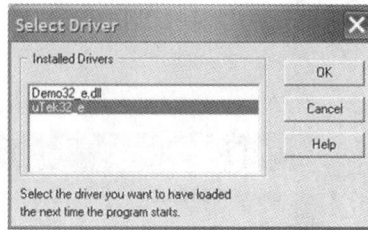

图 3 - 15　"Select Driver"对话框

4. A/D 模块操作

(1)通道使能

Dasylab 16 个信号点, 0 ~ 7 模块连接对应 UT7808 动静态应变仪的 8 个通道。"Analog Input"中通过通道号码选择条"0 ~ 7"的通道号码——对应 UT7808 动静态应变仪"1 ~ 8"通道。当通道号码选择条中的通道接通时, 对应的 UT7808 动静态应变仪通道被使能, 可以通过硬件参数设置对话框里的"通道参数"页里通道号前的复选框查看 UT7808 动静态应变仪通道使能情况。

(2)输入量程

当通道类型为电压时, 量程为 - 5 ~ 5 kmV, 当通道类型为"应变"时, 量程为 - 1.92 ~ 1.92 Mμε(图 3 - 16)。

注: 其他参数与 UT7808 动静态应变仪参数无关联, 例如 UT7808 动静态应变仪的通道名和工程单位无法反映到"Analog Input"对话框中的"Channel Name"和"Unit"项中。应根据具体选择的通道类型把相关模块(如"A/D Input"模块,"Y/t Chart"模块)的单位改为"mV"或者"με"。

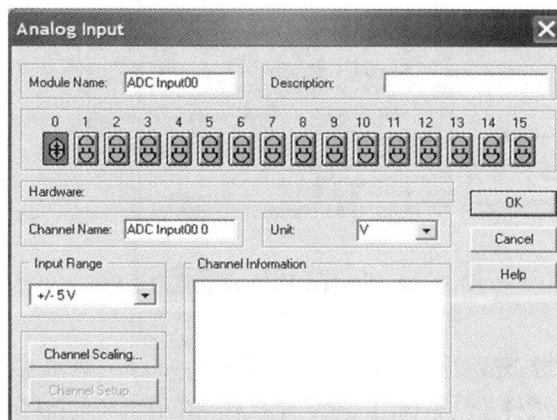

图 3 - 16　"Analog Input"对话框

5. 硬件设置

(1)通道参数设置

通道参数设置界面如图 3-17 所示。

通道号:显示 8 通道,☑ 为使能该通道,☐ 为不使能。该项不可编辑,通道的使能通过调用 A/D 模块的"Analog Input"对话框中的通道号码选择条进行设置。

图 3-17　通道参数设置界面

输入方式:电压,应变可选。当切换输入方式为电压时,系统自动设置该通道工程单位为"V",输出的数值以"V"为单位,用户可在"传感器及前端"页面修改此工程单位。当输入方式为应变时,系统自动设置该通道工程单位为"$\mu\varepsilon$",用户不允许在"传感器及前端"页面修改此工程单位,详细的应变参数通过"应变应力设置"页进行设置。

注:由于 UT7808 动静态应变仪的单位无法与 DASYLab 的通道单位实现同步,因此通道单位以 UT7808 动静态应变仪"参数设置"对话框里所设置的单位为准。

耦合:控制通道的耦合方式。

增益:可进行 1 倍,2 倍,4 倍,8 倍,16 倍,32 倍,64 倍,128 倍信号放大。

桥压:当该通道选择"应变"输入方式时为 2 V 固定桥压。

平衡:设置完应变应力参数后,要点击该页的"平衡"按钮进行平衡操作后开始实验。当有通道选择"应变"输入时,页面下方"平衡"按钮点亮,点击该按钮,即按照单通道勾选的是否平衡,进行平衡操作,平衡过程中提示"正在平衡,请稍后…".

(2)应变应力选择设置

当"通道相关设置"界面中某通道选择应变输入,"应变设置"页面中该通道设置功能开放(图 3-18)。

通道类型:应变、应力可选。

桥接类型:可选择"全桥""半桥""1/4 桥"桥接类型。

应变片连接方式:应变片粘贴方式。

连接类型:在面板接线柱上面的接线方式。

校正因子计算:上述各项设置正确,点击此按钮可以自动计算校正因子。

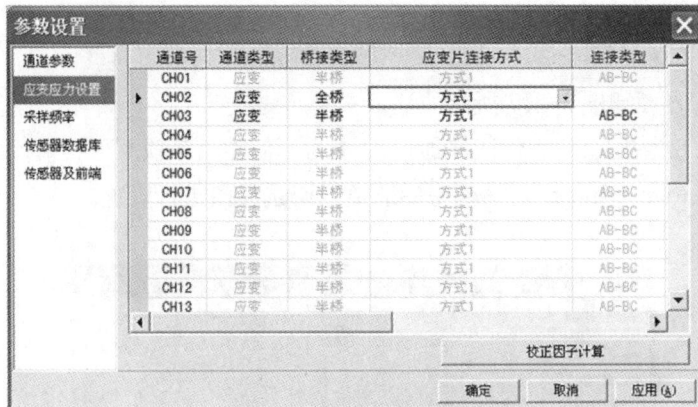

图 3 - 18　应变、应力设置界面

（3）采样频率

显示当前设备的采样频率，该频率为每通道频率。通过 DASYLab 的"Experiment Setup"设置对话框中的"Sampling Rate/Ch"进行设置（图 3 - 19）。

图 3 - 19　采样频率设置界面

注：由于 DASYLab 软件中的频率可设置挡位与 UT7808 动静态应变仪频谱挡位在 100 Hz 以上不一致，因此当在 DASYLab 中输入的频率在 UT7808 动静态应变仪中不存在时，UT7808 动静态应变仪频率会自动匹配所输入的最为接近的频率，例如输入 200 Hz 时，下发到 UT7808 动静态应变仪的频率将会修正为 256 Hz，输入 2000 Hz 时，频率将会修正为 2048 Hz（图 3 - 19）。实际频率请以"Experiment setup"界面中所选中的频率为准（图 3 - 20）。

（4）传感器数据库

如图 3 - 21 所示，实验时可以根据所使用的传感器设置自己的传感器数据库，这样以后可以在"传感器前端"控制页中选择所使用的传感器，可避免人工输入校正因子和工程单位。点击添加后，修改相应参数点击应用按钮，数据即被保存。

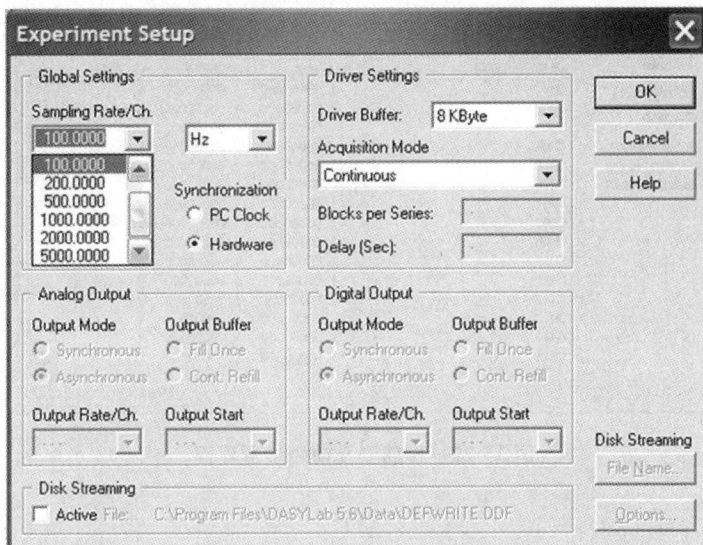

图 3 – 20　实际频率选择界面

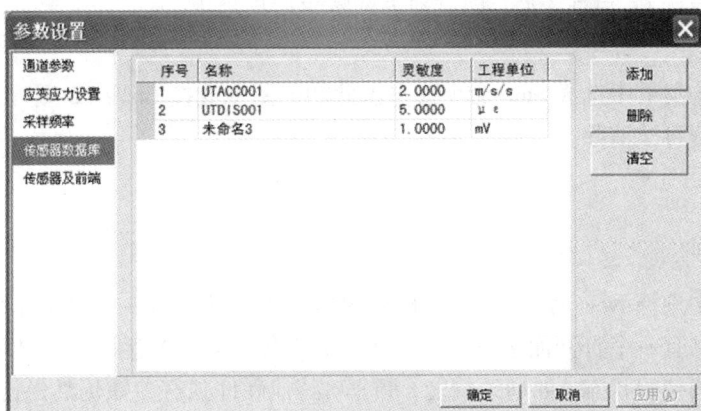

图 3 – 21　传感器数据库设置界面

(5)传感器及前端

传感器及前端设置界面如图 3 – 22 所示。

传感器：当选择传感器时，系统会自动用传感器的灵敏度和前置放大的倍数相乘计算校正因子的值，工程单位改为此传感器的工程单位。

前置放大：前置放大器所设置的放大倍数。

校正因子：校正因子是每个工程单位输出的 mV 数，即 mV/EUnit，例如：某个位移传感器，量程 2 mm，输出电压 10 V，如果工程单位选择 μm，每个 μm 输出 10000 ÷ 2000 = 5 mV/μm。

工程单位：设置通道的工程单位，一般为 Y 轴上的单位，例如：涡流位移传感器，单位为 μm。

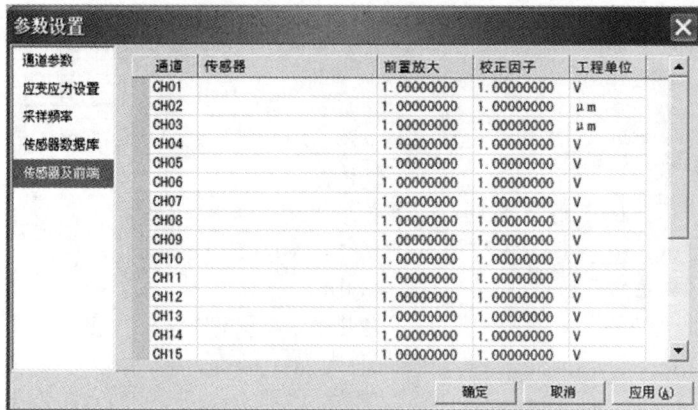

图 3 – 22　传感器及前端设置界面

6. 开始、停止实验

（1）开始实验

当所有模块编辑完毕，并且硬件参数设置无误后，在 Experiment 菜单中选择 Start 命令或点击此功能图标或按 F5 启动实验，即可观察到数字信号输出。

（2）停止实验

在 Experiment 菜单中选择 Stop 命令或点击此功能图标或按 Ctrl + F5 则停止实验，全部停留在管道中的数据将被清除。

7. 工作表

（1）新建

从 File 菜单中选择 New 命令或点击功能栏中的图标，将打开一个新的工作表，如果在打开新工作表之前已有一个打开而未存的工作表，系统会询问是否存盘。新建后所有 DASYLab 相关参数将恢复到初始状态，如通道使能，频率，其他硬件独有参数仍然保持上一次的设置。

（2）存盘

从 File 菜单中选取 Save 命令或点击 Function Bar 图标即可将工作表存盘，如果是一个已保存的工作表，则文件内容将被更新。如果是一个未保存的工作表，可以使用 Save as 命令将它另存为一个新文件。数据最后会保存为后缀为.DSB 的 DASYLab 数据文件，同时会生成一个以该文件名外加.XML 后缀的硬件参数文件。如需拷贝.DSB 文件，需将与该文件同名的并且后缀为.XML 的文件同时拷贝，否则将会导致硬件参数丢失和硬件参数重新设置。

（3）打开

从 File 菜单中选择 Open 命令或点击此图标会打开一个以前存入的工作表，在选择 Open 命令后可以从文件列表中选择使用.DSB 的数据文件，并且会默认加载与该文件同名后缀为.XML的硬件参数文件。

3.2　应变测量实验实例

3.2.1　电阻应变计安装及防护实验

1. 实验目的

①初步掌握电阻应变计的粘贴技术。
②学习贴片质量检查的方法。

2. 仪器设备

①电阻应变计、接线端子。
②等强度钢梁、温度补偿块。
③数字万用表、兆欧表。
④502 胶、连接导线、防潮胶。
⑤其他工具和材料：砂布、酒精、丙酮、脱脂棉等清洗材料及电烙铁、镊子等工具。

3. 电阻应变计粘贴工艺

电阻应变计的粘贴是应变测量实验中一个十分重要的环节。电阻应变计粘贴质量的好坏，直接影响到构件表面的应变能否准确、可靠地传递到敏感栅。因此，粘贴电阻应变计时必须严格按照其粘贴工艺要求，认真、细致地做好每一步工作。下面介绍常温电阻应变计粘贴的一般工艺。

（1）电阻应变计检查

首先对电阻应变计进行外观检查，观察敏感栅排列是否整齐，有无缺损、锈蚀斑痕、弯折以及引出线焊接点是否可靠等。然后测量每个电阻应变计的电阻值，对同一型号、规格的电阻应变计按其阻值进行分组，使同一组内各枚电阻应变计的电阻值相差不超过 0.1 Ω。

（2）试件表面处理

先用锉刀、刮刀、砂轮机等工具清除试件表面测点处的油漆、锈斑等，然后用砂布将表面打磨光（最好能打出与贴片方向成 45° 的交叉微细条纹），粗糙度达到 ▽ 即可。打磨平整后，用划针在测点处划出微细的定位线。最后，用蘸有酒精、丙酮的脱脂棉球清洗测点处表面，直至棉球不再有污迹为止。

（3）电阻应变计的粘贴

这里介绍黏合剂为 502 胶时电阻应变计的粘贴方法。

首先确认贴片的方位，引出线应朝向便于布置导线的一方。然后一手捏住（或用镊子钳住）电阻应变计的引出线，另一只手拿住 502 黏合剂瓶，在已清洗过的贴片处和电阻应变计的基底上，各涂一层薄薄的黏合剂，迅速将电阻应变计放在贴片点上，对准定位线校正电阻应变计的方位后，在电阻应变计上盖一层聚四氟乙烯薄膜，然后用手指朝一个方向滚压，手感由轻到重，挤出多余的黏合剂和气泡。待黏合剂稍干后，将手松开，轻轻揭去聚四氟乙烯薄膜，观察粘贴情况。如电阻应变计敏感栅部位未粘贴牢或有气泡，应铲除重贴。若已经粘贴好，则用镊子轻轻将引出线拉离构件表面，以防黏在构件上。电阻应变计要待黏合剂完全固化后方能使用。不同的黏合剂固化要求各异，502 胶可自然固化且固化时间短。电阻应变计粘贴好后，还需将接线端子粘贴好，如图 3-23 所示，其粘贴过程与电阻应变计基本一致。

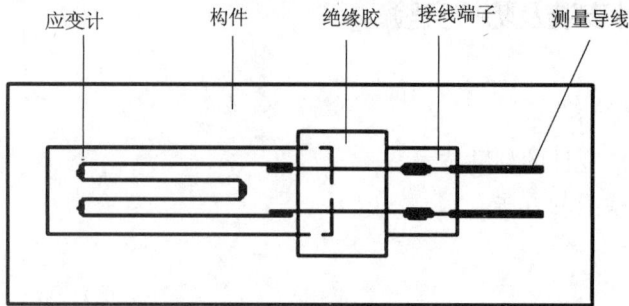

应变计　　　构件　　　绝缘胶　　接线端子　　测量导线

图 3-23　电阻应变计

（4）导线的固定和焊接

在每个电阻应变计的引出线到接线端子的下面贴一块绝缘胶带（若电阻应变计与接线端子之间无间隙，可省略绝缘胶带），以防引出线与金属构件短路。导线焊接时，要求将焊点焊透，防止虚焊。注意，焊接完毕后需剪除多余的引线；当导线较多时一般应给导线贴上标志和编号。

（5）贴片质量检查

首先按前述方法进行外观检查，观察粘贴电阻应变计的黏合剂是否均匀、透明，过多或太少；敏感栅部位是否有气泡。外观合格后，继续用数字万用表测量电阻应变计的阻值，同一组电桥内各片的电阻值相差不超过 $0.5\ \Omega$（如有异常，应检查焊点、导线等逐一排查，直至阻值符合要求）。最后用兆欧表测量应变计与金属构件之间的绝缘电阻，一般应大于 $5 \times 10^8\ \Omega$。

（6）电阻应变计防护

当电阻应变计固化好后（可通过电阻应变计与金属构件之间的绝缘电阻值来判断），应立即在电阻应变计、接线端子、裸露导线的附近区域涂抹一层硅胶，做防潮处理。

4. 实验步骤

①筛选电阻应变计，剔除阻值差别大、有损坏等现象的应变计；将选好的应变计按阻值分类放置。

②打磨试件表面，除去锈斑等。

③根据实验要求，确定贴片位置，再轻轻画好应变计的定位线；若有需要，再将贴片位置轻轻用砂布打磨成与贴片方向成 45° 的交叉微细条纹。

④清洗测点处表面，直至棉球不再有污迹为止。

⑤按照贴片工艺要求进行贴片，然后焊接并固定测量导线。

⑥检查贴片质量，对符合质量要求的应变计，待应变计绝缘阻值达到要求时，进行防潮处理；对不符合质量要求的应变计，铲掉重贴。

⑦将贴好电阻应变计的试件放置在干燥、通风的位置。

⑧清理实验现场。

5. 实验报告

①简述常温下电阻应变计粘贴的主要步骤。

②绘制电阻应变计布置图。

3.2.2　应变测试技术基础实验

1. 实验目的

①了解电阻应变计测量应变的原理。

②掌握 1/4 桥、半桥和全桥的接线方法。

③掌握电阻应变仪的使用方法。

2. 仪器设备

①静态电阻应变仪。

②等强度梁实验装置。

3. 实验原理

等强度悬臂梁如图 3 - 24 所示。梁厚为 h，梁长为 l，固定端宽度为 b。梁的纵截面为等腰三角形，集中力 P 作用在三角形顶点。梁内各横截面产生的应力相等，表面上任意位置的应变也相等，因此称为等强度梁。等强度梁结构简单，加工容易，灵敏度高，常用于小压力测量中。在梁的上下表面分别贴有应变计 R_1、R_3 和 R_2、R_4，在与等强度梁相同材料的补偿块上贴有温度补偿片 R_5、R_6，并将等强度梁与温度补偿片放置于同一温度场中。

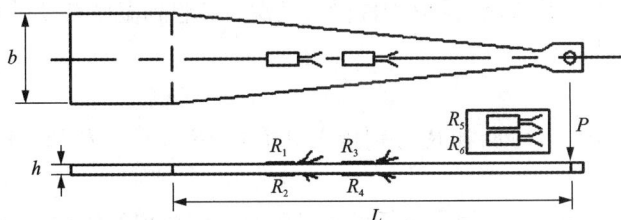

图 3 - 24　等强度悬臂梁

应变计在测量电桥中有各种接法。实际测量时，根据电桥的基本特性和不同的适用情况，采用不同的接线方法，以达到以下目的：实现温度补偿；从受力复杂的构件中测出所需的某一应力分量；放大被测物体应变的读数，提高测量的灵敏度。为了达到上述目的，需要充分利用电桥的基本特性，精心设计应变计在电桥中的接法。

测量时，应变计在电桥中，常采用以下几种接线方法。

（1）1/4 桥接线法

该方法将工作片 R_1 接入电桥的 AB 桥臂，温度补偿片 R_5 接入 BC 桥臂。在电桥的 CD 和

DA 桥臂上接入仪器的固定电阻,组成 1/4 电桥,如图 3 – 25(a)所示。

因为 R_1 与 R_5 产生的温度应变相等,即 $\varepsilon_{1P} = \varepsilon_{5P}$。

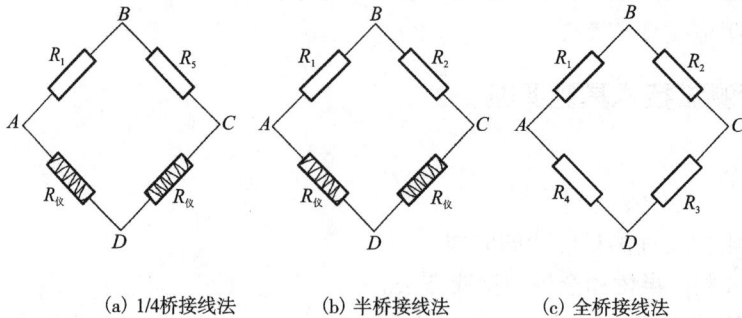

(a) 1/4桥接线法   (b) 半桥接线法   (c) 全桥接线法

图 3 – 25　测量电桥连接图

则应变仪输出应变为 R_1 因力作用产生的应变 ε_{1P},即:

$$\varepsilon_{\text{仪}} = \varepsilon_{1P} \tag{3-20}$$

电桥的输出结果与温度应变无关,这种电桥接线法采用了补偿片补偿法。

(2)半桥接线法

该方法将工作片 R_1 接入电桥的 AB 桥臂,工作片 R_2 接入 BC 桥臂。在电桥的 CD 和 DA 桥臂上接入仪器的固定电阻,组成半桥,如图 3 – 25(b)所示。

因为 $\varepsilon_1 = -\varepsilon_2$,根据电桥的加减特性,应变仪的输出应变 $\varepsilon_{\text{仪}}$ 为:

$$\varepsilon_{\text{仪}} = \varepsilon_1 - \varepsilon_2 + \varepsilon_3 - \varepsilon_4 \tag{3-21}$$

则

$$\varepsilon_{\text{仪}} = \varepsilon_1 - \varepsilon_2 = 2\varepsilon_1 \tag{3-22}$$

该接线方法中,工作片 R_2 既反应构件受力情况,又起到温度补偿的作用,采用的是工作片补偿法。

(3)全桥接线法

该方法将工作片 R_1、R_2、R_3 和 R_4 分别接入电桥的 AB、BC、CD 和 DA 桥臂,组成全桥,如图 3 – 25(c)所示。

因为 $\varepsilon_1 = \varepsilon_3 = -\varepsilon_2 = -\varepsilon_4$,根据电桥的加减特性,应变仪的输出应变 $\varepsilon_{\text{仪}}$ 为:

$$\varepsilon_{\text{仪}} = \varepsilon_1 - \varepsilon_2 + \varepsilon_3 - \varepsilon_4 \tag{3-23}$$

则电桥的输出为:

$$\varepsilon_{\text{仪}} = 4\varepsilon_1 \tag{3-24}$$

4. 实验步骤

①测量等强度梁上电阻应变计所贴位置的截面尺寸。

②调整静态电阻应变仪的灵敏度,使其等于所贴电阻应变计的灵敏系数 K 值。

③按照图 3 – 25 所示的电桥连接方案,将电阻应变计依次接入静态电阻应变仪的桥路上。

④调整静态电阻应变仪,进行初始平衡。

⑤分级加载(具体载荷视实验方案而定),读取并记录应变值。

⑥分级卸载,读取并记录应变值。

⑦每种桥路重复三次实验。

⑧拆除导线、关闭仪器电源,整理实验现场。

5. 实验结果处理

(1)理论高度计算

等强度梁各截面的正应力理论值 $\sigma_{理}$ 相等,即:

$$\sigma_{理} = \frac{M}{W_z} = \frac{6PL}{bh^2} \tag{3-25}$$

式中:M 为弯矩,N·m,$M = PL$;W_z 为抗弯截面模量,$W_z = \frac{1}{6}bh^2$;P 为所加载荷,kN;L 为加载点至等强度梁试件根部的距离,mm;b 为等强度梁试件根部的宽度,mm;h 为等强度梁试件的高度,mm。

(2)实验值计算

被测点的正应力实验值 $\sigma_{实}$ 为:

$$\sigma_{实} = E \cdot \bar{\varepsilon} \tag{3-26}$$

式中:E 为试件材料的弹性常数,低碳钢 E 值为 210 GPa;$\bar{\varepsilon}$ 为测点多次测量的应变平均值。

(3)实测值与理论值比较

在比较测值与理论值时,用相对误差 δ 来反映二者的关系:

$$\delta = \left| \frac{\sigma_{理} - \sigma_{实}}{\sigma_{理}} \right| \times 100\% \tag{3-27}$$

3.2.3　纯弯曲梁正应力测量实验

1. 实验目的

①测定矩形截面梁在纯弯曲时的正应力,验证弯曲正应力公式的正确性。

②学习多点静态应变测量的方法。

2. 仪器设备

①纯弯曲梁实验装置。

②静态电阻应变仪。

3. 实验原理

纯弯曲梁实验装置如图 3-26 所示,矩形截面钢梁两端直接安放在支座上,逆时针转动加载手轮,使力传感器下部钢珠顶住力的分配梁,钢梁即产生弯曲变形,梁的受力图、剪力图和弯矩图如图 3-27 所示。从图 3-27 可以看出,钢梁 CD 段的剪力为 0,弯矩为一常数,即 CD 段处于纯弯曲状态,其弯矩值 $M = \frac{1}{2}Pa$。其中,P 为测仪显示载荷,a 为加力点到支座距离。

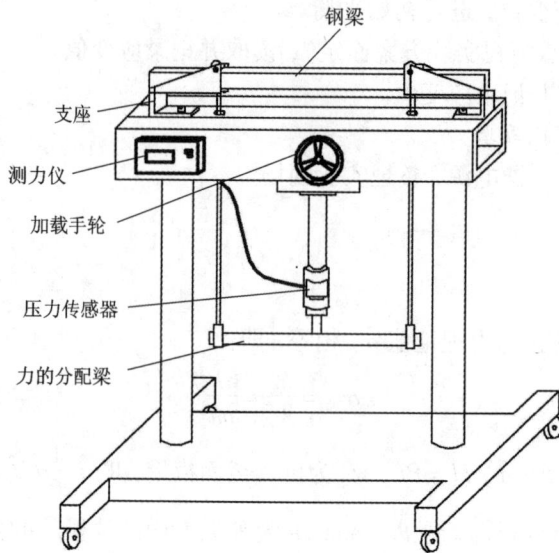

图 3 – 26　纯弯曲梁实验装置

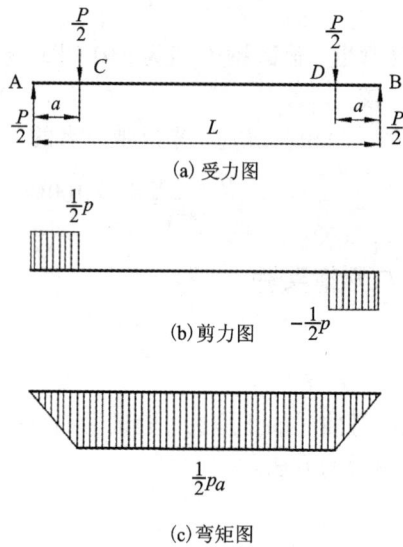

(a) 受力图

(b) 剪力图

(c) 弯矩图

图 3 – 27　梁的受力图、剪力图和弯矩图

　　为了测量钢梁横截面上的正应力, 分析应力沿梁高的分布规律, 在梁的纯弯曲段某一截面处, 沿高度方向均匀粘贴了五片轴向电阻应变计(图 3 – 28)。

　　实验时, 逆时针转动加载手轮给梁施加载荷, 采用电阻应变仪测量各点的应变值 $\varepsilon_{i实}$。根据单向虎克定律即可求得各点应力实验值 $\sigma_{i实}$, 即

$$\sigma_{i实} = E \cdot \varepsilon_{i实} (i = 1, 2, 3, 4, 5) \tag{3 – 28}$$

　　梁弯曲时, 正应力理论值计算公式为 $\sigma_{理} = \dfrac{My}{I_z}$, 当 $M = \dfrac{1}{2}Pa$ 时, 可变换为:

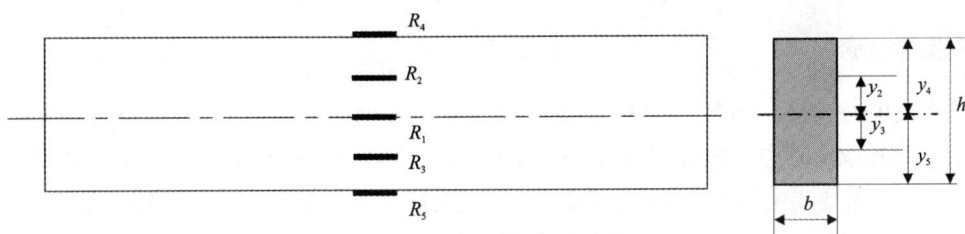

图 3 - 28　测点布置图

$$\sigma_{理} = \frac{a}{2I_z} \cdot P \cdot y \qquad\qquad (3 - 29)$$

式中：I_z 为梁截面惯性矩，$I_z = \dfrac{bh^3}{12}$；b 为梁截面宽度，mm；h 为梁截面高度 mm；y 为测点到中性轴的距离。

为了验证弯曲正应力公式 $\sigma_{理} = \dfrac{My}{I_z}$ 或 $\sigma_{理} = \dfrac{a}{2I_z} \cdot P \cdot y$ 的正确性，首先要验证两个线性关系，即 $\sigma \propto P$ 和 $\sigma \propto y$ 是否成立。可通过以下两条途径进行验证：

①实验加载采用增量法，每级载荷增量相同。每增加一级载荷，测量各测点相应的应变，并计算其应变增量。如果各测点的应变增量大致相等，则说明 $\sigma \propto P$ 成立。

②由于测点沿截面高度等间隔布置，绘出每级载荷下各点实测应力分布图。如果应力沿梁截面高度的分布规律呈直线，则说明 $\sigma \propto y$ 成立。

③另外，还要将应力实测值与理论值相比较，在误差允许范围之内（一般误差小于等于5%）若两者相等，才能进一步验证公式的正确性。

实验时采用多点 1/4 桥连接形式，用公共温度补偿片进行温度补偿。电桥连接如图 3 - 29所示。其中，$R_工$ 代表纯弯曲梁上各测点应变片即 R_1、R_2、R_3、R_4、R_5，$R_补$ 为温度外补偿片，$R_仪$ 为仪器内部固定电阻。

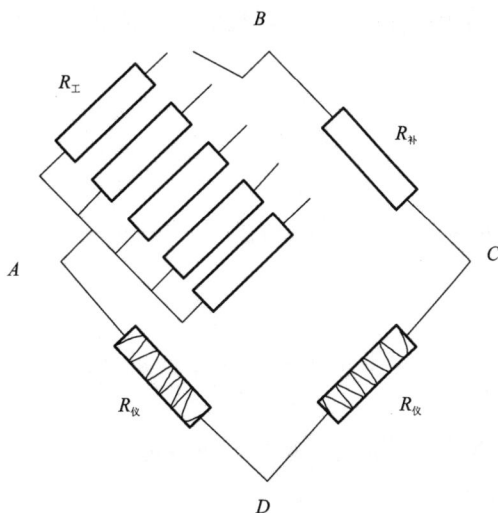

图 3 - 29　测量电桥连接图

4. 实验步骤

①测量电桥连接。如图 3 – 29 所示，为了简化测量电桥的连接，将梁上 5 个测点的应变片引出导线各取其中一根并联成一根总的引出导线，并以不同于其他引出导线的颜色区别。所以，测量导线由原来的 10 根缩减为 6 根，连接测量电桥时，将颜色相同的具有编号 1、2、3、4、5 的 5 根线分别连接在仪器面板上 5 个不同通道的 $B_{1/4}$ 接线端，并将具有特殊颜色的总引出导线连接在仪器面板上 1 号通道的 A 接线端。实验采用公共的温度补偿片，且把它接入仪器面板上的"公共补偿片"位置。

②桥型设置。将应变仪上有测点的通道设置为 1/4 电桥类型，并选择常规方式。

③灵敏系数设定。依照实验架钢梁上给出的应变片灵敏系数 K 值，将应变仪的灵敏度设为对应值。

④测量电桥的预调平衡。在实验装置上荷载值为 0 时点击仪器面板的"平衡"按钮，将各通道预调平衡，记录下各通道预调平衡的结果。

⑤加载测取应变值。逆时针旋转实验装置的加载手轮施加载荷。加载方案采用等量逐级加载法，$P_0 = 0$ kN，$\Delta P = 1$ kN，$P_{max} = 5$ kN。每增加一级载荷，测量各点的应变值。加到最大载荷 P_{max} 读数完毕后，卸载到 0，读取应变值，实验完成第一遍测试。

⑥重复第 4、5 步，重复实验一遍。

⑦关闭仪器电源，拆除仪器上的连接导线，将实验仪器复原，清理实验现场。

5. 实验注意事项

①预调平衡时，若发现调零困难、调零数据不稳定等现象应首先从接线是否有误、接线螺丝是否拧紧等方面检查接线质量，并排除故障。

②加载前应检查梁的放置位置是否偏斜，及压力传感器的下端与力的分配梁的中点位置是否对正，以保证梁的 CD 段是纯弯曲变形。

③实验前应将所连接的测量导线理清，以免缠死；测试过程中，勿乱动已连接好的测量导线和仪器开关。

④加载时切勿过载。

6. 实验数据处理与分析

测点真实应变为加载时应变减去卸载时的应变。各测点分别取两次真实应变平均值作为 $\bar{\varepsilon}_{i实}$，即

$$\bar{\varepsilon}_{i实} = \frac{\varepsilon_{iⅠ} + \varepsilon_{iⅡ}}{2} \qquad (3-30)$$

式中：Ⅰ、Ⅱ 代表第 Ⅰ 遍、第 Ⅱ 遍测量。应变增量 $\Delta\varepsilon_i$ 为每增加 1 kN 所产生的应变增量。

取最大载荷 $P_{max} = 5$ kN 来计算应力实验值与理论值，

实验值计算：

$$\sigma_{i实} = E \cdot \bar{\varepsilon}_{i实} (i = 1, 2, 3, 4, 5) \qquad (3-31)$$

理论值计算：

$$\sigma_{i理} = \frac{a}{2I_z} \cdot P_{max} \cdot y_i (i = 1, 2, 3, 4, 5) \tag{3-32}$$

3.2.4　材料弹性常数 E 和泊松比 ν 测定实验

1. 实验目的

①用电测法测定材料的弹性常数 E 和泊松比 ν。
②在比例极限范围内验证虎克定律。

2. 仪器设备

①拉压实验装置。
②静态电阻应变仪。
③贴有电阻应变计的试件。

3. 实验原理

拉压实验装置如图 3-30 所示，由座体、支撑框架、活动横梁、传感器和测力仪等组成。实验采用铝合金加工成的板状试件如图 3-31 所示，试件横截面宽度和厚度分别为 15 mm 和 3 mm。在试件的两个面上沿试件轴线方向各粘贴一枚电阻应变计 R_1、R_2，在垂直于轴线方向各粘贴一枚电阻应变计 R'_1、R'_2。通过手轮调节传感器和活动横梁中间的距离，将已粘贴好应变计的试件安装在传感器与活动横梁中间。

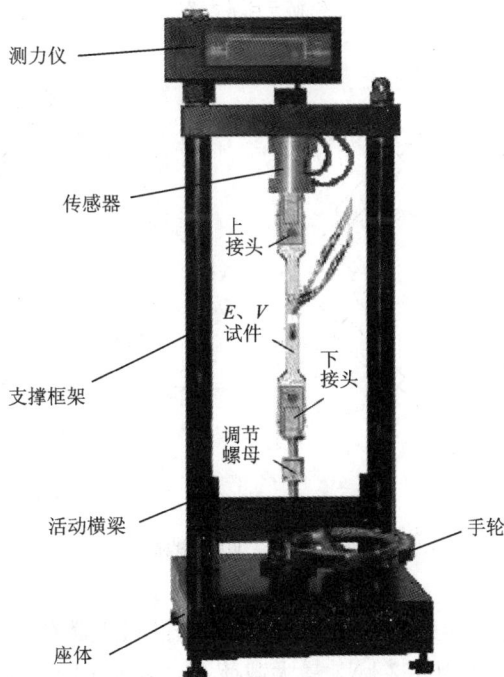

图 3-30　拉压实验装置

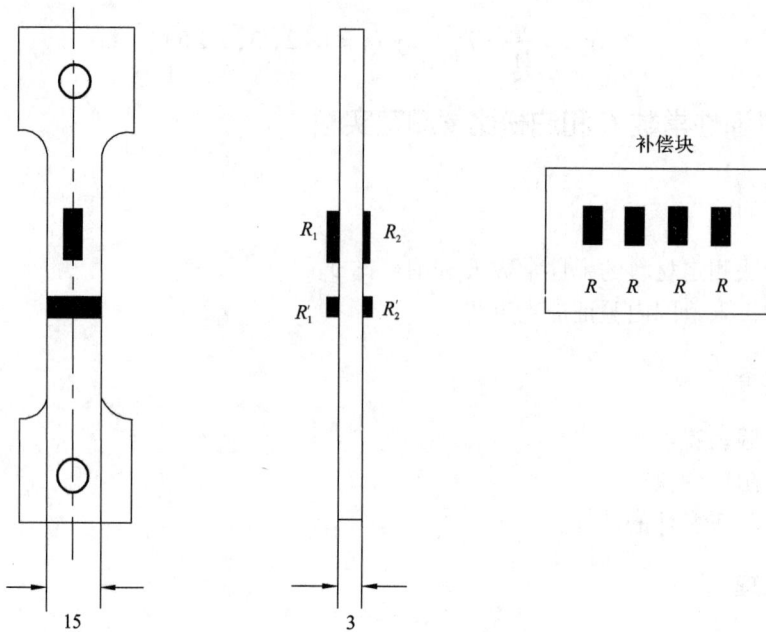

图 3 – 31　板状试件

为消除试件初弯曲和加载可能存在的偏心影响，实验采用全桥接线法，如图3 – 32(a)、图 3 – 32(b)所示，此时仪器输出应变值分别为：

$$\varepsilon_{仪} = \varepsilon_1 + \varepsilon_2 \tag{3-33}$$

$$\varepsilon'_{仪} = \varepsilon'_1 + \varepsilon'_2 \tag{3-34}$$

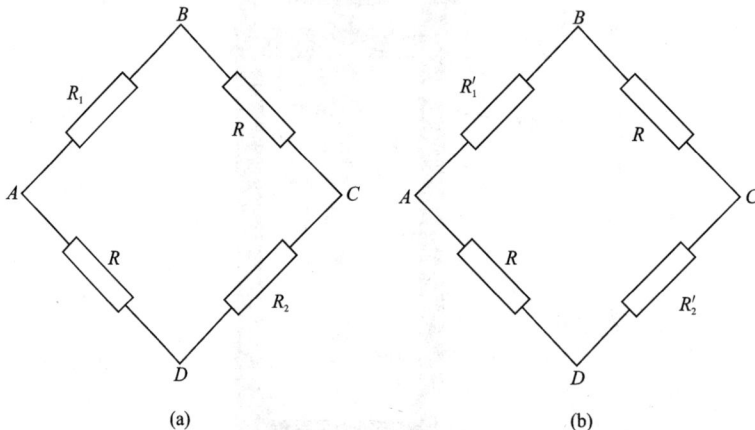

图 3 – 32　测量电桥

实验加载方案采用等量加载的方式，即把欲施加的最大载荷分成若干级，每级载荷增量相等。本实验取初始载荷 P_0 为 0.2 kN，最大载荷 P_{max} 为 2.6 kN，载荷增量 ΔP 为 0.3 kN，共分 8 级加载，且实验重复做三遍。

实验时测得每级载荷 P_i 下的纵向应变值 ε_i 和横向应变值 ε'_i，采用增量法计算材料的弹性常数 E 和 ν。

$$\Delta\sigma_i = \frac{\Delta P_i}{A} \tag{3-35}$$

$$\varepsilon_i = \frac{\varepsilon_{i仪}}{2}, \quad \Delta\varepsilon_i = \frac{\Delta\varepsilon_{i仪}}{2} \tag{3-36}$$

$$\varepsilon'_i = \frac{\varepsilon'_{i仪}}{2}, \quad \Delta\varepsilon'_i = \frac{\Delta\varepsilon'_{i仪}}{2} \tag{3-37}$$

式中：$\Delta\sigma_i$ 为测点应力增量；ΔP_i 为测定载荷增量；$\Delta\varepsilon_i$、$\Delta\varepsilon'_i$ 为测点应变增量；$\Delta\varepsilon_{i仪}$、$\Delta\varepsilon'_{i仪}$ 为应变仪输出应变增量。

由单向虎克定律得：

$$E_i = \frac{\Delta\sigma_i}{\Delta\varepsilon_i} \tag{3-38}$$

$$\nu_i = \frac{\Delta\varepsilon'_i}{\Delta\varepsilon_i} \tag{3-39}$$

$$\overline{E_j} = \frac{\sum_{i=1}^{8} E_i}{8} \tag{3-41}$$

$$\overline{\nu_j} = \frac{\sum_{i=1}^{8} \nu_i}{8} \tag{3-41}$$

则弹性常数 E 和 ν 为：

$$E = \frac{\sum_{j=1}^{3} \overline{E_j}}{3} \tag{3-42}$$

$$\nu = \frac{\sum_{j=1}^{3} \overline{\nu_j}}{3} \tag{3-43}$$

4. 实验步骤

①测量电桥连接。

②设置应变仪的灵敏度。

③初始载荷为 0.2 kN 时，将应变仪通道调平衡。

④逐级加载，记录各级载荷下的应变值，然后卸载。

⑤重复第③、④步，完成实验，共做 3 遍。

⑥拆除应变仪上的导线，关闭仪器电源开关。

5. 注意事项

①缓慢均匀加载，严格控制最大载荷。

②保证电桥连接时的接线质量。

3.2.5　弯扭组合变形应力测量实验

1. 实验目的

①用电测法测定平面应力状态下某一点主应力的大小和方向。
②在弯扭组合作用下，分别测定由弯矩和扭矩产生的应力值。
③进一步熟悉电阻应变仪的使用，学会用不同电桥类型测量应变的方法。

2. 仪器设备

①弯扭组合变形实验装置。
②静态电阻应变仪。

3. 实验原理

（1）实验装置

弯扭组合变形实验装置如图 3 – 33 所示，合金铝制薄壁圆管 OA 为被测量对象。薄壁圆管一端固定，另一端自由。通过逆时针转动底座上的加载手轮，在竖向钢杆上施加拉力，圆管产生变形，其受力简图如图 3 – 34(a) 所示。根据受力分析可知，圆管 OA 除承受弯矩 M 作用之外，还受扭矩 T 的作用，圆管处于"组合变形"状态，且扭矩 $T = p \cdot a$（弯矩 M 随截面位置不同而变），弯矩、扭矩图如图 3 – 34(b)、图 3 – 34(c) 所示。

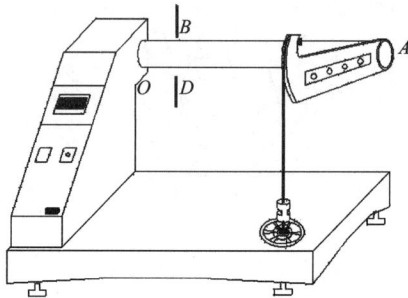

图 3 – 33　弯扭组合变形实验装置

为了测量圆管某一截面顶点 B 主应力大小和方向以及由弯矩和扭矩产生的应力值，在 B 点及对应管底 D 点各粘贴了一个 45°应变花，应变花中各应变计的方位如图 3 – 35 所示，且各应变计导线颜色与角度对应关系为：– 45°（蓝线）、0°（白线）、45°（绿线）。

（2）主应力大小和方向的测定

若测得圆管管顶 B 点的 – 45°、0°、+ 45°三个方向（产生拉应变方向为 – 45°，产生压应变的方向为 + 45°，轴向为 0°）的线应变分别为 $\varepsilon_{-45°}$、$\varepsilon_{0°}$、$\varepsilon_{45°}$。由《材料力学》中公式：

$$\varepsilon_\alpha = \frac{\varepsilon_x + \varepsilon_y}{2} + \frac{\varepsilon_x - \varepsilon_y}{2}\cos 2\alpha + \frac{1}{2}\gamma_{xy}\sin 2\alpha \tag{3 – 44}$$

可得到关于沿 x 轴方向的应变 ε_x、沿 y 轴的方向的应变 ε_y、切应变 γ_{xy} 的线性方程组：

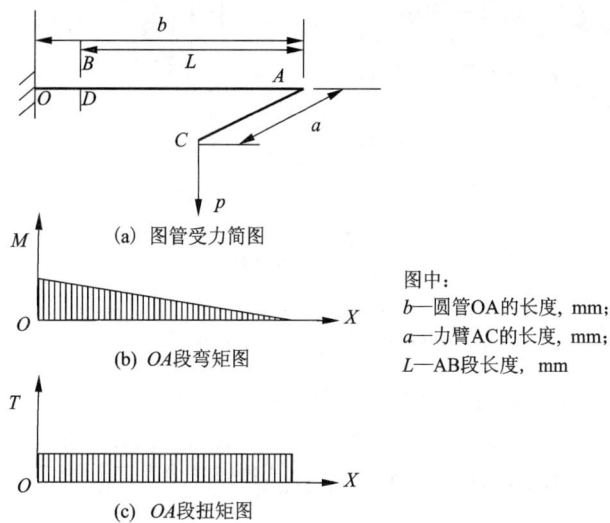

(a) 图管受力简图

(b) OA段弯矩图

(c) OA段扭矩图

图中:
b—圆管OA的长度, mm;
a—力臂AC的长度, mm;
L—AB段长度, mm

图 3 - 34

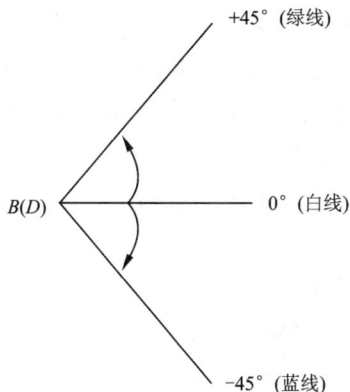

图 3 - 35　应变花方位示意图

$$\varepsilon_{-45°} = \frac{\varepsilon_x + \varepsilon_y}{2} + \frac{\varepsilon_x - \varepsilon_y}{2}\cos[2 \times (-45°)] + \frac{1}{2}\gamma_{xy}\sin[2 \times (-45°)] \quad (3-45)$$

$$\varepsilon_{0°} = \frac{\varepsilon_x + \varepsilon_y}{2} + \frac{\varepsilon_x - \varepsilon_y}{2} \quad (3-46)$$

$$\varepsilon_{45°} = \frac{\varepsilon_x + \varepsilon_y}{2} + \frac{\varepsilon_x - \varepsilon_y}{2}\cos(2 \times 45°) + \frac{1}{2}\gamma_{xy}\sin(2 \times 45°) \quad (3-47)$$

联立求解以上三式得

$$\varepsilon_x = \varepsilon_{0°} \quad (3-47)$$

$$\varepsilon_y = \varepsilon_{45°} + \varepsilon_{-45°} - \varepsilon_{0°} \quad (3-48)$$

$$\gamma_{xy} = \varepsilon_{45°} - \varepsilon_{-45°} \quad (3-50)$$

则主应变为:

$$\varepsilon_{1,2} = \frac{\varepsilon_x + \varepsilon_y}{2} \pm \sqrt{\left(\frac{\varepsilon_x - \varepsilon_y}{2}\right)^2 + \left(\frac{\gamma_{xy}}{2}\right)^2} \qquad (3-51)$$

主应力 σ_1 的方位角 α_0 的计算公式为:

$$\tan 2\alpha_0 = \frac{\gamma_{xy}}{\varepsilon_x - \varepsilon_y} \qquad (3-52)$$

再根据广义虎克定律:

$$\sigma_1 = \frac{E}{1-\mu^2}(\varepsilon_1 + \mu\varepsilon_2) \qquad (3-53)$$

$$\sigma_2 = \frac{E}{1-\mu^2}(\varepsilon_2 + \mu\varepsilon_1) \qquad (3-54)$$

可得到圆管管顶 B 点主应力的大小和方向计算公式为:

$$\sigma_{1,2} = \frac{E(\varepsilon_{45°} + \varepsilon_{-45°})}{2(1-\mu)} \pm \frac{\sqrt{2}E}{2(1+\mu)}\sqrt{(\varepsilon_{0°} - \varepsilon_{45°})^2 + (\varepsilon_{0°} - \varepsilon_{-45°})^2} \qquad (3-55)$$

$$\tan 2\alpha_0 = \frac{\varepsilon_{45°} - \varepsilon_{45°}}{2\varepsilon_{0°} - \varepsilon_{45°} - \varepsilon_{-45°}} \qquad (3-56)$$

式中: 下标 1 表示最大, 下标 2 表示最小。

(3)弯矩产生的正应力大小测定

圆管虽为弯扭组合变形, 但管顶 B 和管底 D 两点沿 x 轴方向的应变计产生的应变只受弯矩的影响, 且两者等值反向。所以 $\varepsilon_{0°}$ 实际反映的就是弯矩产生的应变值。假设圆管材料纤维在比例极限范围内沿 x 轴方向仅受单向拉应力作用, 故可通过轴向拉伸的虎克定律公式得到弯矩产生的正应力 σ_w 大小, 如下式:

$$\sigma_w = E\varepsilon_w = E\varepsilon_{0°} \qquad (3-57)$$

式中: ε_w 为弯矩产生的应变。

(4)扭矩产生的切应力大小测定

由主应力求解过程得知圆管 B 点切应变 γ_{xy} 为:

$$\gamma_{xy} = \varepsilon_{45°} - \varepsilon_{-45°}$$

由剪切虎克定律可得 B 点切应力大小为:

$$\tau_{xy} = G \cdot \gamma_{xy} = \frac{E}{2(1+\mu)} \cdot (\varepsilon_{45°} - \varepsilon_{-45°}) \qquad (3-58)$$

式中: G 为材料的剪切弹性常数。

4. 实验步骤

(1)主应力大小和方向的测定

①测量电桥连接:将圆管管顶 B 点的 $-45°$、$0°$、$45°$ 三个方向的引出导线分别连接在仪器面板上三个不同通道的 A、$B_{1/4}$ 接线端。实验采用公共的温度补偿片, 且把它接入仪器上"补偿"位置的接线端, 测量电桥如图 $3-36(a)$ 所示。

②桥路类型设置。将三个通道均设置为 1/4 桥常规方式。

③灵敏度设定。依照实验架上给出的应变计灵敏系数 K 值, 设定应变仪灵敏度的大小。

④测量电桥的预调平衡。点击仪器面板的"平衡"按钮, 将各通道预调平衡, 记录下各通

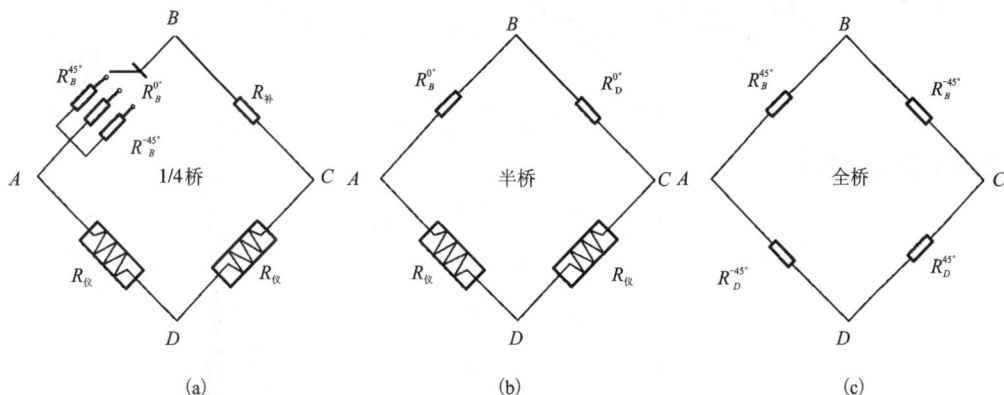

图 3 – 36　测量电桥

道预调平衡的结果。

⑤加载测量。逆时针旋转实验架上的加载手轮，施加载荷至 $P_{max} = 450$ N，读取各通道的应变值。

⑥卸掉全部载荷，测量卸载后各通道应变值。

⑦重复实验，共做三遍。

（2）弯矩产生的正应力大小测定

①测量电桥连接：将圆管管顶 B 点的 0°方向和管底 D 点的 0°方向的两对引出导线分别连接在仪器面板上同一个通道的 A、B 和 B、C 接线端，构成如图 3 – 35（b）所示的半桥。

②桥路类型设置。将接线的通道设置为半桥常规方式。

后续测量参考"主应力大小和方向的测定"的步骤进行。

（3）扭矩产生的切应力大小测定

①测量电桥连接：将圆管管顶 B 点的 45°、–45°方向的两对引出导线分别连接在仪器面板上同一个通道的 AB，BC 接线端，将管底 D 点的 45°、–45°方向的两对引出导线分别连接在该通道的 CD，DA 接线端，构成如图 3 – 35（c）所示的全桥。

②桥路类型设置。将接线的通道设置为全桥连接。

后续测量参考"主应力大小和方向的测定"的步骤进行。

实验完毕后，关闭仪器电源，拆除仪器上的连接导线，将实验仪器复原，清理实验现场。

5. 实验注意事项

①若发现平衡困难，应检查接线是否有误，并检查接线质量。

②测量电桥连接过程中要区分清楚连接导线的颜色和应变计方位的对应关系。

③实验前应将所连接的测量导线理清，以免接线顺序错乱。

④加载时切勿过载。

6. 实验数据处理与分析

（1）主应力大小和方向的计算

①实测值的计算：

$$\sigma_{1,2} = \frac{E(\varepsilon_{45°} + \varepsilon_{-45°})}{2(1-\mu)} \pm \frac{\sqrt{2}E}{2(1+\mu)}\sqrt{(\varepsilon_{0°} - \varepsilon_{45°})^2 + (\varepsilon_{0°} - \varepsilon_{-45°})^2} \qquad (3-59)$$

$$\alpha_0 = \frac{1}{2}\text{arctg}\frac{\varepsilon_{45°} - \varepsilon_{-45°}}{2\varepsilon_{0°} - \varepsilon_{45°} - \varepsilon_{-45°}} \qquad (3-60)$$

②理论值的计算：

$$\sigma_x = \frac{M}{W_z} = \frac{P \cdot L}{\frac{\pi}{32}D^3(1-\alpha^4)} \qquad (3-61)$$

$$\tau_{xy} = \frac{T}{W_n} = \frac{P \cdot a}{\frac{\pi}{16}D^3(1-\alpha^4)} \qquad (3-62)$$

式中：α 为圆管内外径之比；D 为圆管外径，mm；a 为加载力臂的长度，mm；W_z 为抗弯截面模量；W_n 为抗扭截面模量。

$$\sigma_{1,2} = \frac{\sigma_x}{2} \pm \sqrt{\left(\frac{\sigma_x}{2}\right)^2 + \tau_{xy}^2} \qquad (3-63)$$

$$\alpha_0 = \frac{1}{2}\text{arctg}\frac{-2\tau_{xy}}{\sigma_x} \qquad (3-64)$$

（2）弯矩产生的正应力大小

①实测值的计算。

由测量电桥连接方法可知，弯矩产生的应变 ε_w 和应变仪读数值 $\varepsilon_{仪}$ 的关系为

$$\varepsilon_w = \varepsilon_{0°} = \frac{1}{2}\varepsilon_{仪}$$

所以，弯矩产生的应力实测值为：

$$\sigma_w = E \cdot \varepsilon_w = \frac{1}{2}E \cdot \varepsilon_{仪} \qquad (3-65)$$

②理论值的计算。

$$\sigma_w = \frac{P \cdot L}{W_z} \qquad (3-66)$$

（3）扭矩产生的切应力大小

①实测值的计算。

由测量电桥连接方法可知，扭矩产生的切应变 γ_{xy} 和应变仪读数值 $\varepsilon_{仪}$ 的关系为：

$$\gamma_{xy} = \varepsilon_{45°} - \varepsilon_{-45°} = \frac{1}{2}\varepsilon_{仪}$$

所以，扭矩产生的切应力实测值为：

$$\tau_{xy} = G \cdot \gamma_{xy} = \frac{E}{2(1+\mu)} \cdot (\varepsilon_{45°} - \varepsilon_{-45°}) = \frac{E}{4(1+\mu)}\varepsilon_{仪} \qquad (3-67)$$

②理论值的计算。

$$\tau_{xy} = \frac{P \cdot a}{W_n} \qquad (3-68)$$

（4）实测值与理论值的比较

分别计算各项应力和角度的实测值与理论值的相对误差，并填入表格中。

3.2.6　压杆稳定实验

1. 实验目的

①用电测法测定两端铰支压杆的临界载荷 P_{cr}，并与理论值进行比较。
②观察并分析细长杆轴向压缩时的稳定现象。

2. 仪器设备

①拉压实验装置。
②静态电阻应变仪。

3. 实验原理

拉压实验装置如图 3 – 37 所示，由座体、支撑框架、活动横梁、传感器和测力仪等组成。通过手轮调节传感器和活动横梁中间的距离，将已粘贴好应变计的矩形截面压杆安装在传感器和活动横梁中间，压杆尺寸为：厚度 $h = 3.0$ mm，宽度 $b = 18$ mm，长度 $l = 350$ mm，见图 3 – 38。压杆材料为 65 号锰钢，弹性模量 $E = 210$GPa。实验采用如图 3 – 39 所示测量电桥。

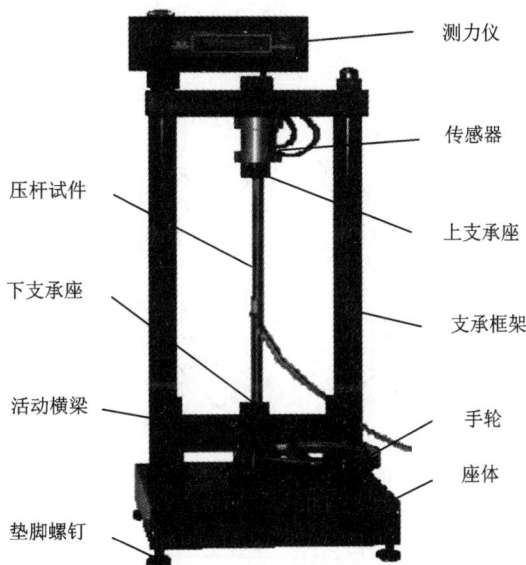

图 3 – 37　拉压实验装置

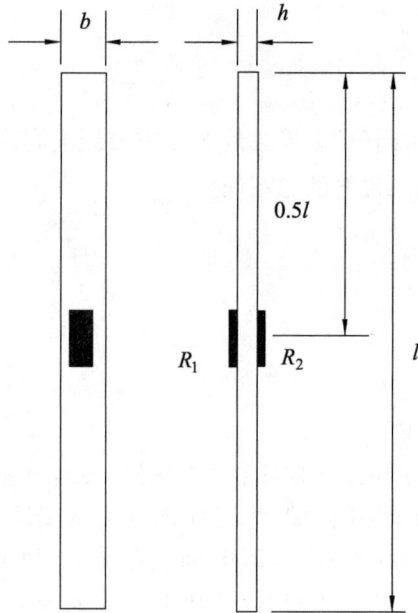

图 3 - 38 压杆试件

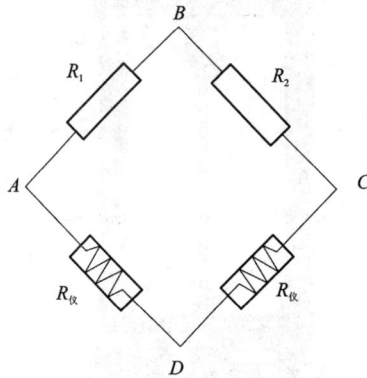

图 3 - 39 测量电桥

对于两端铰支中心受压的细长杆，其临界载荷理论值 P_{cr} 采用欧拉公式计算，为：

$$P_{cr} = \frac{\pi^2 E I_{min}}{l^2} \qquad (3-69)$$

式中：l 为压杆长度，mm；$I_{\min}$ 为压杆截面的最小惯性矩，mm^4。

假设理想压杆两端简支，若以载荷 P 为纵坐标，压杆中点挠度 δ 为横坐标，按小挠度理论绘出的 $P-\delta$ 曲线图，见图 3-40。当压杆所受压力 P 小于试件的临界压力 P_{cr} 时，中心受压的细长杆在理论上保持直线形状，杆件处于稳定平衡状态，在 $P-\delta$ 曲线图中即为直线段 OC；当压杆所受压力 $P \geqslant P_{cr}$ 时，压杆因丧失稳定而弯曲，在 $P-\delta$ 曲线图中即为直线段 CD。由于试件可能有初曲率，压力可能偏心，以及材料的不均匀等因素，实际的压杆不可能完全符合中心受压的理想状态使 $P-\delta$ 关系呈曲线 OAB 状态。在实验过程中，即使压力很小时，杆件也会发生微小弯曲，中点挠度随压力的增大而增大。若令压杆轴线为 x 轴，压杆下端点为坐标轴原点，见图 3-41，则在 $x=l/2$ 处，横截面上的弯矩为 $M=P\delta$，轴力为 $P_N=-P$，横截面上的应力为：

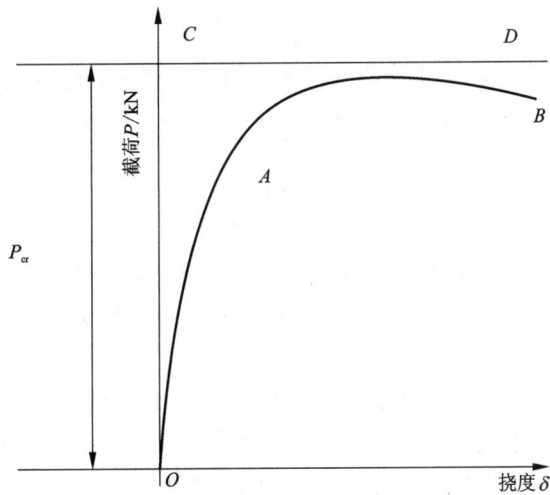

图 3-40　$P-\delta$ 曲线

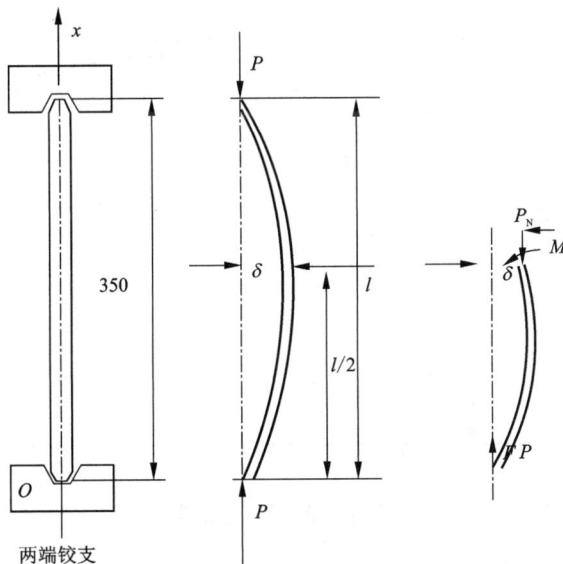

图 3-41　两端铰支压杆

$$\sigma = -\frac{P}{A} \pm \frac{My}{I_{\min}} \qquad (3-70)$$

式中：y 为试件截面上的点到中性轴的距离，mm。

在 $x = l/2$ 处沿压杆轴向已粘贴两枚应变计 R_1、R_2，按图 3-39 所示半桥方式接至应变仪上，可消除由轴向力产生的应变。由此，应变仪测得的应变只是由弯矩 M 引起的应变 ε_M，应变仪读数 ε_d 是弯矩 M 引起应变的两倍，即：

$$\varepsilon_M = \frac{\varepsilon_d}{2} \qquad (3-71)$$

依据弯矩正应力计算公式和虎克定律，可计算测点处弯矩产生的正应力为：

$$\sigma = \frac{M\frac{h}{2}}{I_{\min}} = \frac{P\delta\frac{h}{2}}{I_{\min}} = E\varepsilon_M = E\frac{\varepsilon_d}{2} \qquad (3-72)$$

由式(3-72)可推导出 $x = l/2$ 处压杆挠度 δ 与应变仪读数应变之间的关系为：

$$\varepsilon_d = \frac{Ph}{EI_{\min}}\delta \qquad (3-73)$$

$$\delta = \frac{EI_{\min}}{Ph}\varepsilon_d \qquad (3-74)$$

由(3-73)式可见，在一定的力 P 作用下，应变仪读数应变 ε_d 的大小反映了压杆的挠度 δ 的大小，因此可将图 3-40 中的横坐标 δ 挠度用应变仪读数 ε_d 来代替，绘出 $P-\varepsilon_d$ 曲线图，如图 3-42 所示。

当 P 远小于 P_{cr} 时，随着力 P 增加，δ 变化很小，因此应变 ε_d 很小，虽然有增加，也极为缓慢(OA 段)；而当力 P 趋近于临界力 P_{cr} 时，δ 变化很快，应变 ε_d 随之急剧增加(AB 段)。曲线 AB 是以直线 CD 为渐进线的，因此可以根据渐近线 CD 的位置来确定临界力 P_{cr}。

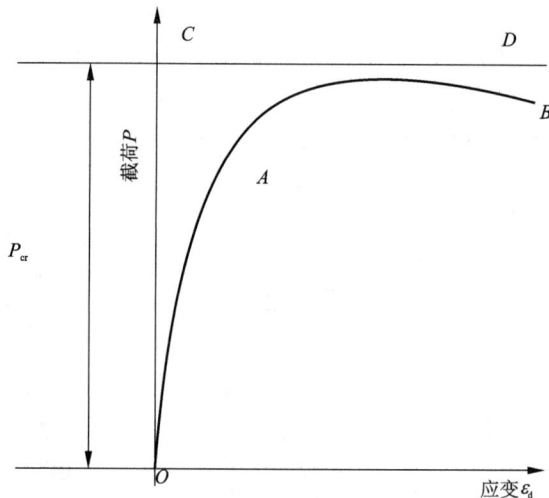

图 3-42　$P-\varepsilon_d$ 曲线

4. 实验步骤

①将压杆两端安装铰支撑。
②按半桥测量电路将应变片导线接至应变仪上。
③在力 P 为零时将应变仪测量通道调平衡。
④旋转手轮分级加载，记录力 P 和应变仪读数 ε_d 值。
⑤卸载，拆除导线，设备复原。

5. 实验注意事项

①在 P 远小于 P_{cr} 段，分级可粗些，当接近 P_{cr} 时，分级要细（即图 3 - 42 曲线的 AB 段，此时可以监测应变变化记录相应载荷，每级 $50 \sim 70$ $\mu\varepsilon$，当发现应变连续变化 3 级，而载荷不变时，此载荷即可定为临界力 P_{cr}），在加载过程中要注意压杆的变化，一旦发现压杆有明显弯曲变形时，要即刻卸去载荷，以免发生意外。
②控制轴向应变不超过 1100 $\mu\varepsilon$。

3.2.7　变支承梁力学行为研究实验

1. 实验目的

①了解静态电阻应变数据采集系统的工作原理，学习其操作使用方法。
②熟练掌握多点静态电阻应变测量的方法。
③通过对悬臂静定梁和固端 - 铰支梁的应变测量成果的分析，比较静定结构与超静定结构的受力变形的不同特点，形成对桥梁施工力学的初步认识。
④学习拟订电测应力分析实验方案。

2. 可选实验内容

①运用应变电测技术测量矩形截面（或其他截面形式）悬臂梁横截面上的正应力、确定梁横截面上正应力沿高度的分布规律。
②测量悬臂梁弯曲时表面正应力沿梁长的变化规律。
③测量悬臂梁弯曲变形的挠度。
④测量悬臂梁弯曲变形时截面的转角。
⑤超静定梁的应变分析。
⑥其他自选内容。

3. 仪器设备

①静态应变数据采集系统。
②百分表或位移传感器。
③变支承梁实验装置。
④加载砝码。
⑤磁性表座。

⑥其他自选仪器。

4. 实验方案

变支承梁的力学行为研究实验内容是对预应力混凝土悬臂体系桥梁施工过程的模拟与简化，其力学模型可抽象为由静定的悬臂梁转换到超静定的固端－铰支梁，力学体系发生了改变，如图3－43所示。这里现给出一种参考实验方案如下：

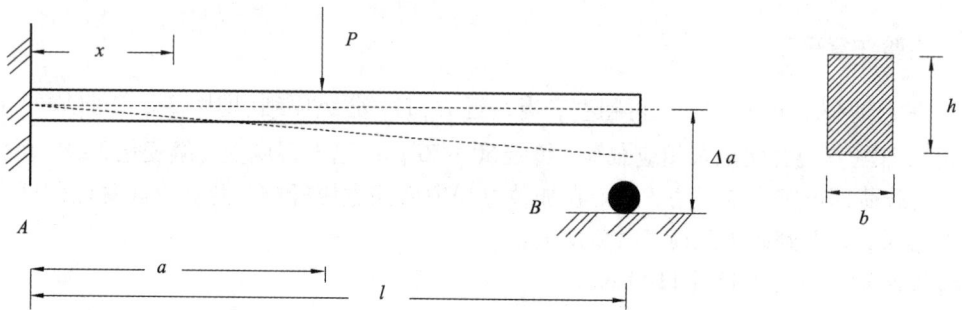

图 3－43　变支承梁模型

（1）静定悬臂梁弯曲正应力测量

为了研究梁横截面上正应力沿高度的分布规律和梁表面正应力沿其长度的变化规律，可自行选定多个测试截面（一般至少三个以上）并确定每个截面的测点个数及其位置。根据悬臂梁自由端至支座 B 的预留间隙 Δa 计算出静定悬臂梁的临界载荷值 P_r，自行拟定加载方案 $P_j(j=1,2,3,\cdots)$。采用静态应变采集系统测量各点的应变大小 ε_{ni}（n 表示测量截面编号，i 表示测点编号），代入下式：

$$\sigma_{ni} = E\varepsilon_{ni} \quad n=1,2,3\ldots;\ i=1,2,3\ldots \tag{3-74}$$

由此得实测应力大小并画出各截面应力沿梁高的分布规律图。由梁长度方向的顶表面（或底表面）应变测点测量应力沿梁长的分布规律，并与理论值做比较，分析误差产生的原因。

同一截面上沿梁高度方向各点的正应力为：

$$\sigma_{ni} = \frac{M_n y_i}{I_z} \quad n=1,2,3\ldots;\ i=1,2,3\ldots \tag{3-75}$$

式中：σ_{ni} 为第 n 测试截面上第 i 测点的应力计算值；I_z 为截面惯性矩；$M_n = P_j(a-x)$ 为第 n 测试截面上的弯矩值；y_i 为第 n 测试截面上第 i 测点的位置坐标（相对于中性轴）。

沿梁长方向各测点的应力为：

$$\sigma_{n1} = \frac{M_n h}{2I_z} \quad n=1,2,3\ldots \tag{3-76}$$

式中：σ_{n1} 为第 n 测试截面上梁上（下）表面测点的应力计算值；h 为测试截面的高度。

（2）静定悬臂梁弯曲变形的测量

为了测量悬臂梁弯曲变形的挠度，沿梁长方向布置多个挠度测试点。用磁性表座固定好百分表（或位移传感器），在上述加载方案下施加载荷 $P_j(j=1,2,3,\ldots)$ 时，记录表上相应

的挠度值、画出挠度曲线。并与理论值做比较,分析误差原因。挠度 δ 的理论计算公式如下:

$$\delta = -\frac{P_j \cdot x^2}{6EI} \quad (3a - x) \quad (0 \leqslant x \leqslant a) \tag{3-77}$$

$$\delta = -\frac{P_j \cdot a^2}{6EI} \quad (3x - a) \quad (a \leqslant x \leqslant l) \tag{3-78}$$

其中: a 表示集中载荷作用点距固支端的距离,mm; x 表示计算截面距固支端的距离,mm; l 表示梁的总长,mm。

梁端的转角实测值可利用设置在梁端的百分表(或转角仪)方便的测得,而为了简化测试工作,其他各测试截面的转角可根据材料力学小变形假设,近似处理:

$$\theta = \text{arctg} \frac{\delta}{x} \approx \frac{\delta}{x} \tag{3-79}$$

悬臂梁弯曲变形时截面的转角 θ 的理论值计算如下式:

$$\theta = -\left(\frac{P_j a x}{EI} - \frac{P_j x^2}{2EI}\right) \quad (0 \leqslant x \leqslant a) \tag{3-80}$$

$$\theta = -\frac{P_j a^2}{2EI} \quad (a \leqslant x \leqslant l) \tag{3-81}$$

(3)超静定问题的应变电测分析

当外加载荷超过临界载荷 P_r 时,悬臂梁的自由端与铰支座接触,梁的受力状态相应发生变化,悬臂梁由静定结构变为超静定结构。此时,各截面的弯矩重新分配,各测点的弯曲应力有所变化。由于在载荷小于临界载荷 P_r 时悬臂梁作为一静定结构在载荷作用下已产生了弯曲应力,这部分的应力大小和分布不受梁端与支座 B 接触变为超静定结构后增加的载荷 ΔP_j 的影响,各测点的最终应力为作为静定悬臂梁已存在的应力与变为超静定结构后所产生的应力叠加。

拟订实验方案,测定各控制测点应力,绘制横截面上弯曲正应力的分布曲线和沿梁长度的变化曲线,进一步绘制实测弯矩图并与理论计算结果比较、确定支座反力并与安装在支座 B 处的力传感器测试结果比较。

具体实验方案,请自行拟订并提交指导教师审定;所需仪器设备请提前向指导教师提出申请。

3.2.8　槽形薄壁杆件性态研究实验

1. 实验目的

①掌握静态电阻应变数据采集系统的工作原理,能独立操作使用该仪器。

②测定槽形截面薄壁悬臂梁横截面上的正应力,研究横截面上正应力的分布规律。

③通过实验将槽形截面薄壁悬臂梁横截面上的弯曲正应力与约束扭转的翘曲正应力分离出来,并确定各自的分布规律及应力的大小。

2. 仪器设备

①槽形截面薄壁悬臂梁弯扭组合变形实验架。

②静态电阻应变数据采集系统。

③游标卡尺。

3. 实验原理

（1）提示

①槽形截面薄壁悬臂梁如图 3 - 44 所示，其形心及截面几何性质如下：

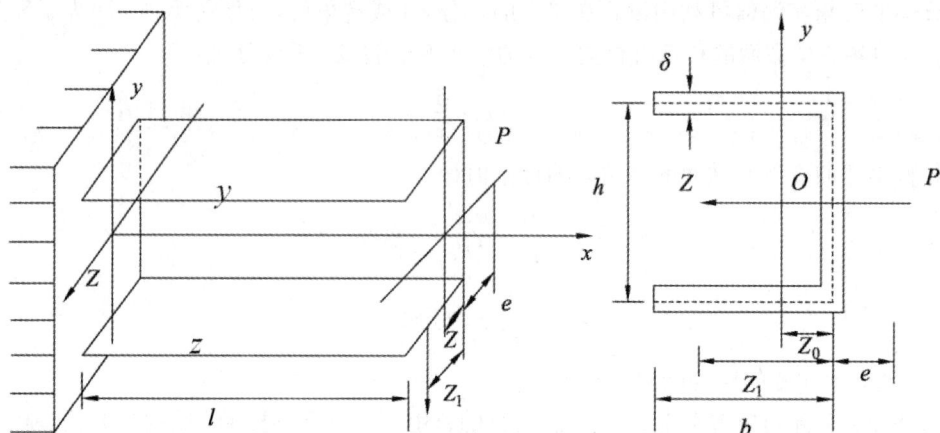

图 3 - 44 槽形截面薄壁悬臂梁

b—槽形薄壁截面翼缘板的宽度，mm；h—槽形薄壁截面腹板的高度，mm；
δ—槽形薄壁截面板的厚度，mm。

形心主轴 Z_0 由下式计算：

$$Z_0 = \frac{b^2}{2b + h} \tag{3 - 82}$$

截面面积 A 由下式计算：

$$A = \delta(2b + h) \tag{3 - 83}$$

截面对 x、y、z 轴的惯性矩分别为：

$$I_x = \frac{1}{3} \sum b_i \delta_i^{\ 3} = \frac{\delta^3}{3}(2b + h) \tag{3 - 84}$$

$$I_y = 2\left[\frac{\delta b^3}{12} + \left(\frac{b}{2} - z_0\right)^2 b\delta\right] + z_0^2 h\delta$$

$$= 2b\delta\left(\frac{b^2}{3} - bz_0 + z_0^2\right) + h\delta z_0^2 \tag{3 - 85}$$

$$I_z = 2\left(\frac{h}{2}\right)^2 b\delta + \frac{\delta h^3}{12} = \frac{\delta h^2}{12}(6b + h) \tag{3 - 86}$$

剪切中心（即弯心或主扇性极点）坐标值：

$$e = \frac{b^2 h^2 \delta}{4I_z} = \frac{3b^2}{6b + h} \tag{3 - 87}$$

由此可做出槽形薄壁截面的主扇形面积，如 3 - 45 所示。

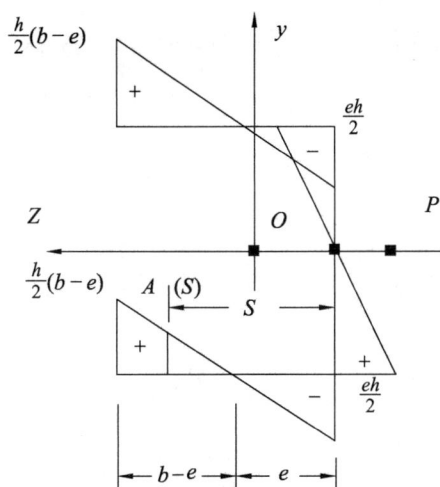

图 3 – 45　槽形薄壁截面的主扇形面积

S—主扇形面积计算点对应的曲线坐标，曲线坐标值从起点 O 沿截面
中心轮廓线量取，逆时针方向为正

从图 3 – 45 可得任意点处的主扇形面积 $A_\omega(S)$ 为

$$A_\omega(s) = -\frac{h}{2}(s - e) \tag{3-88}$$

$$I_\omega = \delta \sum A_{A\omega i} A_{\omega i} = 2\delta\left[\frac{1}{2} \times \frac{h}{2}(b-e)2 \times \frac{2}{3} \times \frac{h}{2}(b-e)\right.$$

$$+ \left(\frac{1}{2} \times \frac{eh}{2} \times e\right) \times \frac{2}{3} \times \frac{eh}{2} + \left(\frac{1}{2} \times \frac{eh}{2} \times \frac{h}{2}\right) \times \frac{2}{3} \times \frac{eh}{2}\right]$$

$$= \frac{\delta h^2}{12}\left[2(b-e)^3 + 2e^3 + he^2\right] \tag{3-89}$$

式中：$A_{A\omega i} A_{\omega i}$ 分别表示参与图乘计算的主扇形面积值的分布域面积和该分布域形心位置对应的主扇形面积值，下标 i 表示图乘计算的分割数量。

$$k = \sqrt{\frac{GI_x}{EI_\omega}} = \sqrt{\frac{I_x}{2(1+v)I_\omega}} \tag{3-90}$$

②外力简化：

$$P_y = F, \qquad M_{xt} = P(z_1 + e)$$
$$M_y = 0, \qquad M_z = -P(L - X)$$

任意截面上的双力矩 $B_\omega(x)$ 为：

$$B_\omega(x) = -\varphi'_0 \frac{GI_x}{k}\text{sh}(kx) + B_\omega\text{ch}(kx) + \frac{M_{xt0}}{k}\text{sh}(kx) \tag{3-91}$$

固定端：

$$\varphi'_0 = 0, \ M_{xt0} = M_{xt} = P(z_1 + e) \tag{3-92}$$

自由端：

$$B_\omega(l) = 0, \ B_{\omega 0} = -\frac{M_{xt}}{k}\text{th}(kl) \tag{3-93}$$

$$B_\omega(x) = -\frac{M_{xt}}{k}[\,\mathrm{th}(kl)\,\mathrm{ch}(kx) - \mathrm{sh}(kx)\,] \qquad (3-94)$$

式中：M_{xt} 为悬臂梁的扭矩；sh( )，ch( ) 为双曲函数；k 为计算截面位置距悬臂梁自由端的距离，mm；

跨中截面 $(x = \frac{l}{2})$：

$$B_\omega(\frac{l}{2}) = -\frac{M_{xt}}{k}[\,\mathrm{th}(kl)\,\mathrm{ch}\,\frac{kl}{2} - \mathrm{sh}\,\frac{kl}{2}\,] \qquad (3-95)$$

固定端 $(x = 0)$

$$B_\omega(0) = -\frac{M_{xt}}{k}\mathrm{th}(kl) \qquad (3-96)$$

③翘曲正应力 σ_ω、弯曲正应力 σ_M 及总应力 σ：

$$\sigma_\omega = \frac{B_\omega A_\omega(s)}{I_\omega} \qquad (3-97)$$

$$\sigma_M = -\frac{M_z y}{I_z} \qquad (3-98)$$

$$\sigma = \sigma_M + \sigma_\omega = -\frac{M_z y}{I_z} + \frac{B_\omega A_\omega(s)}{I_\omega} \qquad (3-99)$$

（2）实验方案要点

本实验为设计型实验，自行设计实验方案，其主要内容包括：

①怎样用实验方法确定横截面上正应力的分布规律，至少需要几枚应变计？贴在什么位置？

②横截面上的正应力由弯曲正应力 $\sigma_M = \frac{-M_z y}{I_z}$ 与约束扭转的翘曲正应力 $\sigma_\omega = \frac{B_\omega A_\omega}{I_\omega}$ 共同组成。怎样用实验的方法将 σ_M 与 σ_ω 分离出来？需要怎样贴片？

4. 实验报告要求

①列出实验设计方案。

②整理实验结果，绘制横截面上弯曲正应力 σ_M 和翘曲正应力 σ_ω 以及总应力 $\sigma = \sigma_M + \sigma_\omega$ 的分布曲线。

③进行理论计算，并与实验结果对比，分析实验误差及其产生的原因。

3.2.9　组合梁动应力测量实验

1. 实验目的

①了解动态电阻应变仪的工作原理，学习其使用方法。

②熟悉计算机数据采集实验操作过程。

③掌握动态电阻应变测试技术。

2. 仪器设备

①组合梁实验装置

②动态电阻应变仪

③计算机和打印机

3. 实验原理

两跨组合梁实验装置如图 3 - 46 所示，矩形截面梁跨中截面下表面贴有电阻应变计。将电阻应变计接入动态应变仪测量电桥接线孔内，电桥接线原理如图 3 - 47 所示，其中 R_2 为温度补偿应变计。动态电阻应变测量系统如图 3 - 48 所示。

利用 DASYLab 软件平台，调用 A/D 模块、Y/t 模块、Filter 模块、FFT 模块、Formula 模块、Write Data 模块、Read Data 模块等相关功能并合理配置其特性参数，建立动态应变数据采集、动态数据分析等虚拟仪器单元。

经调试后，启动电机驱动梁上的小车匀速移动，用动态电阻应变仪 - 计算机采集动态应变波形。

图 3 - 46　组合梁实验装置

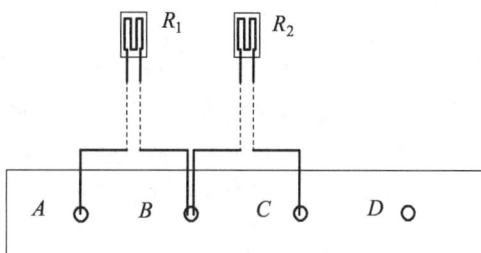

图 3 - 47　电桥接线原理图

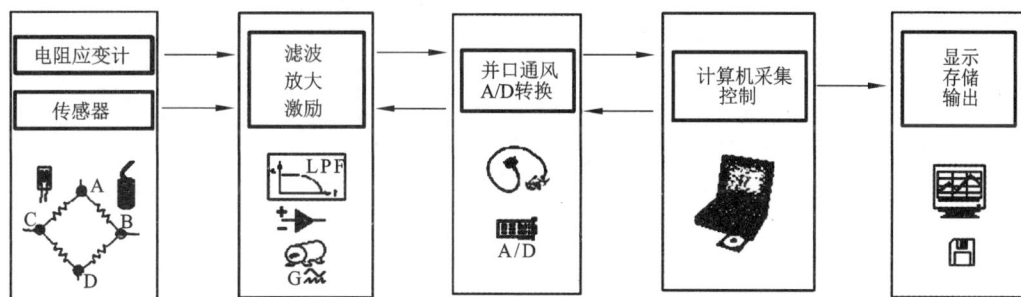

图 3 - 48　动态电阻应变测量系统

4. 实验步骤

①测量矩形截面梁的几何尺寸，记录电阻应变计的粘贴位置。

②按半桥方式将电阻应变计接入测量电桥的接线孔。

③连接、调试动态电阻应变仪 - 计算机系统，打开动态电阻应变仪、动态应变数据采集虚拟仪器单元。

④点击 "▶" 开始采样。观察初始应变曲线，确定电阻应变计初始不平衡输出应变值，必

要时进行"调零"。

⑤设定实验数据存盘路径和文件名，准备测试。

⑥启动电机使梁上小车匀速移动，从梁的一端行驶到另一端。

⑦检查采集动应变波形是否正确、有效。

⑧启动动态数据分析等虚拟仪器单元，进行处理、分析实验数据并打印输出实验结果。

⑨整理实验仪器设备，实验现场复原。

5. 实验报告要求

①简述动态应变数据采集、动态数据分析等虚拟仪器单元的功能特点和设计思路。

②打印实测动应变曲线。

③确定梁的最大动应力并与理论值比较。

④确定梁的自由振动频率。

思考题

1. 如用电吹风吹一吹补偿块，应变仪的读数会出现变化吗？为什么？

2. 纯弯曲梁段沿梁截面高度正应力如何分布？

3. 随着载荷的逐级增加，纯弯曲梁段各点正应力按什么规律变化？

4. 纯弯曲正应力测量实验中，根据测点 1 的实测应变值判断测点 1 的实际位置与中性层位置的关系？

5. 压杆稳定实验中，讨论 P_{cr} 实验值与理论值间误差产生的原因。

第 4 章

光测应力分析实验模块

4.1　光弹性实验仪器

4.1.1　TST – 1003 微型 LED 数码光弹仪

　　TST – 1003 微型 LED 数码光弹仪直接采用 LED 光源作为漫射光源，备有白光和多种单色光光源，可以随时变换不同颜色的单色光。手轮加载，方便灵活，传感器测力，压力传感器与数显表同步显示加载的力的大小。仅需转动加载架便可方便地观察各个角度等倾线的变化。可进行压弯组合实验、纯弯曲实验、孔边集中应力实验等光弹性教学实验。同时采用与计算机相连的数码相机拍摄光弹条纹图像，运用简单的分析软件，开展受力模型的应力分析。

1. 仪器结构及主要部件

　　TST – 1003 微型 LED 数码光弹仪结构及主要部件如图 4 – 1 所示。

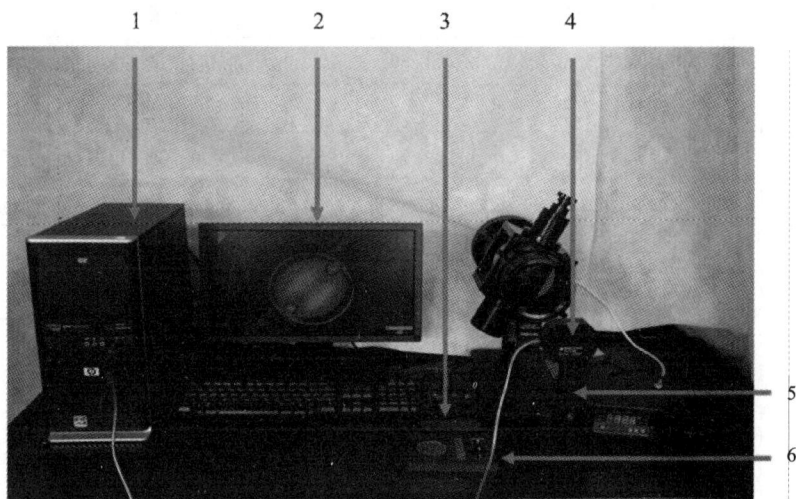

(a)

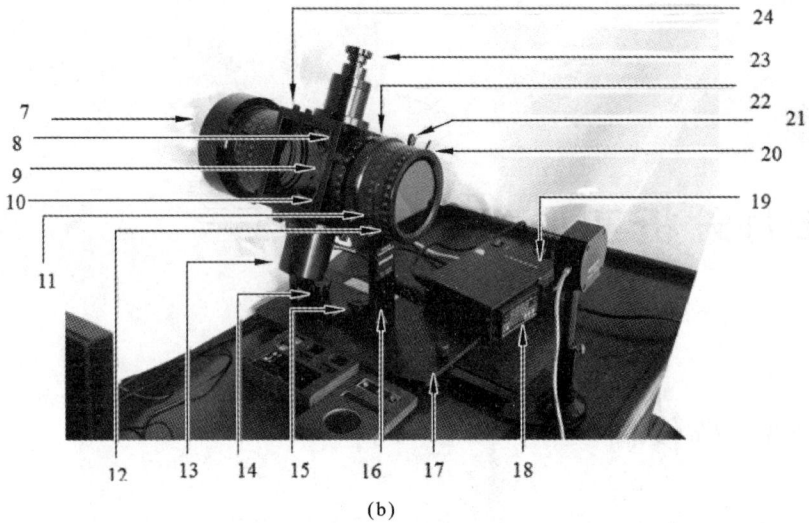

(b)

图 4 – 1　TST – 1003 微型 LED 数码光弹仪结构及主要部件

图 4 – 1 数字代表的含义和作用如表 4 – 1 所示。

表 4 – 1　TST – 1003 微型 LED 数码光弹仪各部件名称作用

数字代号	名称	作用
1	计算机主机	操作软件载体
2	操作主屏	软件控制
3	梁的加压头和组件	固定梁和传递压力
4	图像采集摄像头	实时记录试件的受力状况
5	摄像头支架	固定摄像头
6	实验模型	试件
7	LED 独立光源	单色、复色漫射光源
8、10	圆盘加压头	固定圆盘和传递压力
9	圆盘模型	试件
11	波片镜圈	产生线偏振场
12	偏振片镜圈	产生圆偏振场
13	传感器及固定架	实时计量出螺旋杆施加的力
14、15	固定旋钮	将支架固定在底座上
16	主支架	固定加载架和偏振镜等
17	底座	固定主支架和摄像头
18	数显表	实时显示施加力的大小

续表 4 – 1

数字代号	名称	作用
19	LED 光源控制器	控制 LED 光源
20	拨杆	转动偏振镜圈
21	紧固旋钮	固定波片镜圈
22	定位圈	固定加载架，指示加载架转动角度
23	加载手轮	对试件施加规定范围内的力
24	加载架	固定试件，转动任意角度观察实验现象

2. 仪器基本操作

（1）光源调节

开启电源开关，按下光源转换键，LED 光源出现红光；再按下光源转换键，LED 光源出现绿光；再依次按下光源转换键，LED 光源分别出现蓝光和白光。白光有 5 种不同强弱的显示，按光源转换键，会依次显示这几种不同强弱的白光。

（2）基本功能调试方法

①换上线偏振镜 PL，调整起偏镜和检偏镜的偏振轴相互垂直，即为平面正交偏振光场。

②当起偏镜和分析镜的两偏振轴正交时，为暗场。转动波片可以看到整数级的等差线。

③当起偏镜和分析镜的两偏振轴平行时，为明场，转动波片可以看到半数级的等差线。

④当用白光做光源时，等差线为彩色条纹。当用单色光作光源时，等差线为黑色条纹。

⑤当正交平面偏振光场时，无论是用白光或单色光作光源，等倾线始终是黑色的。若这时同步转动起偏镜和检偏镜，等倾线会发生变化，但等差线始终保持不变化。

3. 注意事项

①移动仪器要小心轻放，防止镜头、镜片跌落坏。

②镜头、镜片为精密的光学器件，不得用手触摸。

③在施加力的过程中，请勿超过传感器的载荷限值范围。

④实验结束，请及时取下试样。

⑤实验过程中注意保护试件，不得施加过大的力，以防止损坏试件。一般情况下，仪器自带试样加载参考值如下：梁的纯弯曲实验中施加的力不大于 100 N；圆盘的受压不大于 450 N；孔边应力集中实验，应缓慢旋转压螺旋杆，加力不大于 200 N。

⑥试件可用无水酒精清洗，但不耐碱、酮、酯芳香烃，溶解于二氯甲烷、二氯乙烷、甲酚等。

⑦本仪器镜片经过严格的安装调试，非专业人员不得随意拆卸镜片。

4.1.2 TST – 1002 微型双屏数码光弹仪

TST – 1002 微型双屏数码光弹仪利用 PowerPoint 制作出单色光和白光幻灯片，通过双屏计算机中的一个屏幕投射作为仪器的光源。

1. 仪器结构及主要部件

TST – 1003 微型 LED 数码光弹仪结构及主要部件如图 4 – 2 所示。

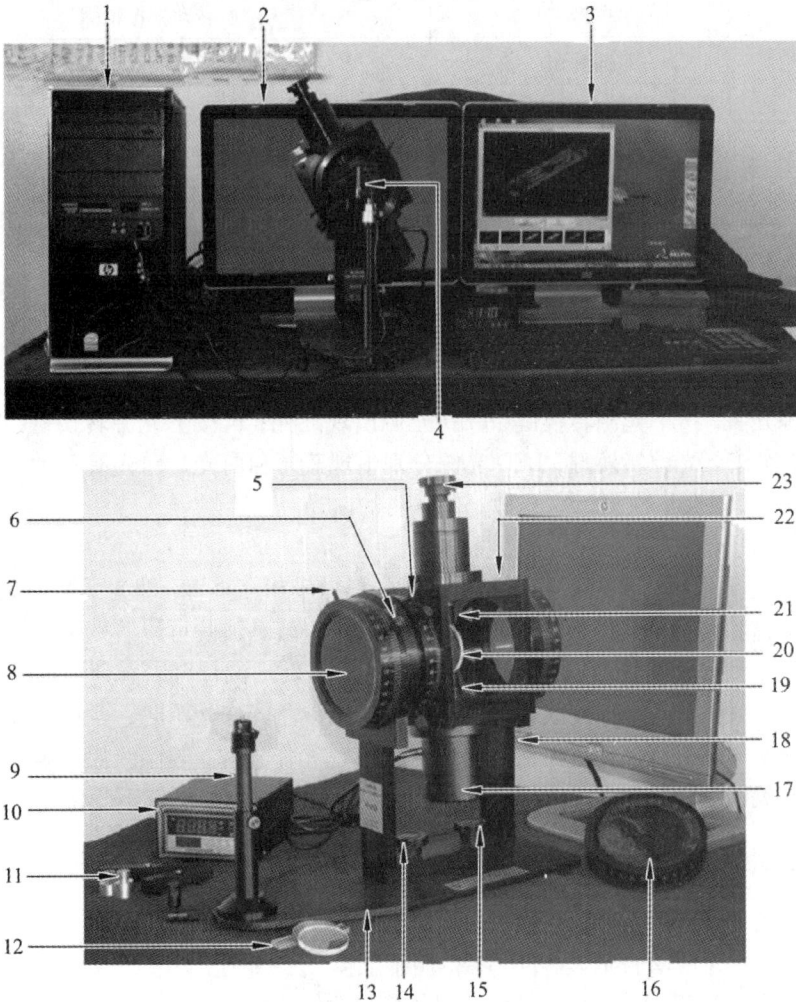

图 4 – 2　TST – 1002 微型双屏数码光弹仪结构及主要部件

图 4 – 2 中数字代表的含义和作用如表 4 – 2 所示。

表 4 – 2　TST – 1002　微型双屏数码光弹仪各部分名称作用

数字代号	名称	作用
1	计算机主机	操作软件载体
2	液晶光源屏幕	单色、复色漫射光源
3	操作主屏	软件控制
4	图像采集摄像头	实时记录试件的受力状况

续表 4 – 2

数字代号	名称	作用
5	定位圈	固定加载架,指示加载架转动角度
6	紧固旋钮	固定偏振镜头
7	拨杆	转动偏振镜头
8	线偏振镜	产生线偏振场
9	摄像头支架	固定摄像头
10	数显表	实时显示施加力的大小
11	梁的加压头和组件	固定梁和传递压力
12	实验模型	演示实验
13	底座	固定主支架和数码相机
14、15	固定旋钮	将支架固定在底座上
16	圆偏振镜头	产生圆偏振场
17	传感器及固定架	实时计量出螺旋杆施加的力
18	主支架	固定加载架和偏振镜等
19、21	圆盘加压头	固定圆盘和传递压力
20	圆盘模型	演示实验
22	加载架	固定试件,转动任意角度观察实验现象
23	拉压螺旋杆	对试件施加规定范围内的力

2. 仪器基本操作

(1)光源调节

双击 PPT 光源,打开后单击"幻灯片放映";单击"设置放映方式";在打开的设置对话框中选择"监视器 2:即插即用监视器";单击"确定"完成光源的设置,单击" 🖵 "即可放映幻灯片,单击鼠标即可变换不同颜色单色光。

(2)基本功能调试方法

①换上线偏振镜 PL,调整起偏镜和检偏镜的偏振轴相互垂直,即为平面正交偏振光场。

②当起偏镜和分析镜的两偏振轴正交时,为暗场。转动波片可以看到整数级的等差线。

③当起偏镜和分析镜的两偏振轴平行时,为明场,转动波片可以看到半数级的等差线。

④当用白光作光源时,等差线为彩色条纹。当用单色光作光源时,等差线为黑色条纹。

⑤当正交平面偏振光场时,无论是用白光或单色光作光源,等倾线始终是黑色的。若这时同步转动起偏镜和检偏镜,等倾线会发生变化,但等差线始终保持不变化。

3. 注意事项

详见 TST – 1003 微型 LED 数码光弹仪基本操作注意事项。

4.2 光测应力分析实验实例

4.2.1 平面光弹性演示实验

1. 实验目的

①了解光测弹性仪各部分名称和作用,初步掌握光测弹性仪的使用方法。
②观察模型受载后在偏振光场中的光学效应。
③认识等差线条纹和等倾线条纹。

2. 仪器设备

①TST－1003 微型 LED 数码光弹仪或 TST－1002 微型双屏数码光弹仪。
②光弹模型。

3. 实验原理

在光弹性测试中,最基本的光场是平面偏振光场,主要由光源、起偏镜、检偏镜组成(图 4－3)。实验时,可根据需要调整光弹仪中两个偏振片(PL 镜片)的偏振轴方位。当起偏、检偏振片的偏振轴互相平行时,形成平行平面偏振光场,即亮场;当它们互相垂直时称为正交平面偏振光场,即暗场。

如图 4－3 所示,将一个模型放置在正交平面偏振光场的光路中并加载使之处于平面应力状态。如果模型上某些点的主应力 σ_1 的方向恰好与起偏镜的偏振轴平行,偏振光可顺利通过模型,不会产生其他分量;由于检偏轴垂直于起偏轴,这些点在检偏镜后将出现消光点呈黑色。众多主应力方向相同的点同样发生消光,消光后均呈现黑点进而组成一条黑色的消光条纹,即等倾线。因此,只要知道检偏轴和预先选定的参考轴的夹角,就可以知道受力模型的等倾线上的各个测点的主应力方向与该参考轴的夹角。

受力模型置于平面偏振场中,在屏幕上除出现等倾线条纹外,同时还将出现等差线条纹。欲想得到清晰、单一的等差线条纹图,就得设法消除等倾线条纹的干扰。常用的方法是采用圆偏振光场测试等差线:在平面偏振光场中加入 Q_1、Q_2 两个 1/4 波片,如图 4－4 所示。使 Q_1 镜片的快轴与 Q_2 镜片的慢轴平行,同时将波片 Q_1、Q_2 的主轴与入射的平面偏振光的振动方向互成45°,起偏镜 P 与检偏镜 A 的偏振轴互相垂直时光强最小(暗场),平行时光强最大(明场)。图 4－4 所示为双正交圆偏振光场的基本光路。

当平面偏振光垂直射入平面应力模型时,因为模型材料具有暂时双折射效应,光波沿着模型上入射点的应力主轴方向分解成两束平面偏振光。这两束平面偏振光在模型内部的传播速度不同,通过模型后就产生了光程差 δ。这个光程差与该单元体的主应力差和模型厚度 h 成正比:

$$\delta = ch(\sigma_1 - \sigma_2) \tag{4-1}$$

式中:c 为比例系数。

当光程差为光波波长 λ 的整数倍时:

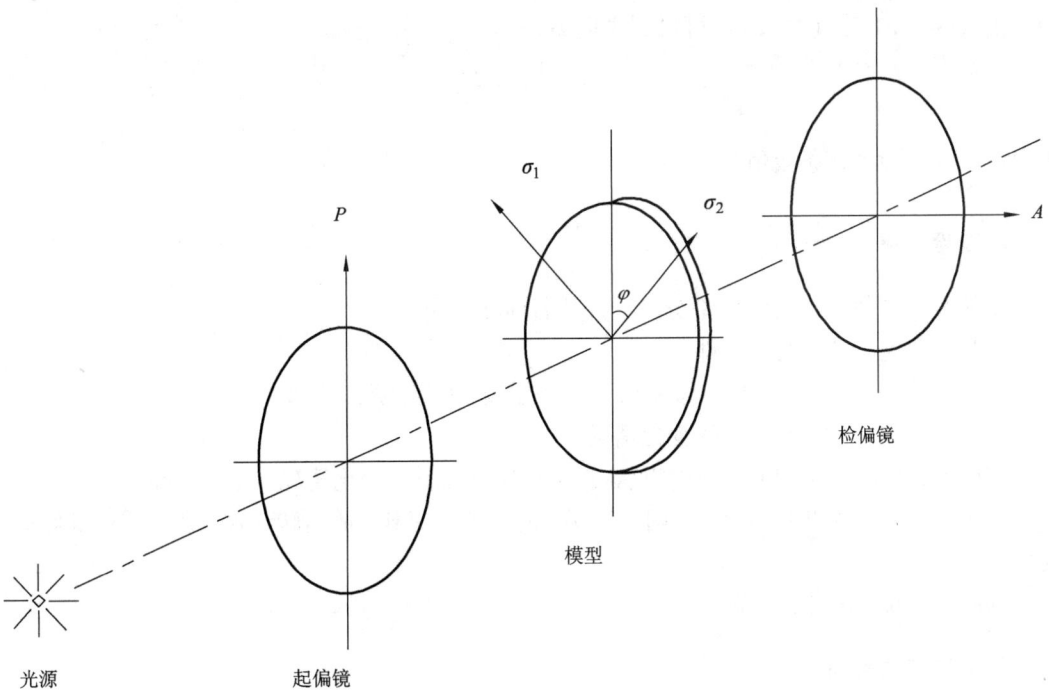

图 4 – 3　平面偏振光场

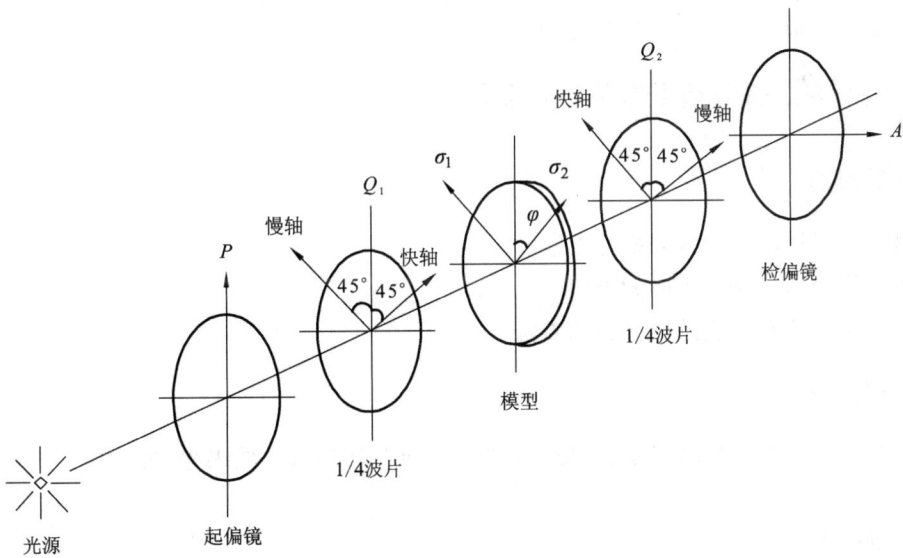

图 4 – 4　双正交圆偏振光场的基本光路

$$\delta = n\lambda \quad n = 0, 1, 2, \cdots \tag{4 – 2}$$

　　干涉光就在屏幕上出现消光点，由于模型内的应力是连续变化的，同时满足光程差等于同一整数倍波长的各点，将形成一条黑色的干涉条纹，这些条纹称为等差线，与其对应的 n 称为条纹级数。

由式(4-1)、式(4-2)式可得到主应力差：

$$\sigma_1 - \sigma_2 = \frac{nf}{h} \qquad\qquad (4-3)$$

式中：$f = \frac{\lambda}{c}$，为材料条纹值。

4. 实验步骤

①观看光测弹性仪的各个部分，了解其名称和作用。
②开启白光光源，安装试件。
③调整数码相机(或工业摄像头)，准备拍摄记录光学条纹图像。
④逐级加载，观察等差线的变化情况。
⑤单独旋转检偏镜(PL)，观察屏幕上等差线条纹图的变化情况，完毕后卸载。
⑥去掉两片1/4波片(CPL)，调整光场、适当减小荷载，适当转动加载架，观察等倾线的变化情况。
⑦卸载，取下试件，仪器复原。

5. 实验注意事项

①光弹仪上镜片部分切忌用手触摸。
②试件安装位置要准确、稳定。
③对模型加载时，要正确平稳，防止模型弹出损坏镜片。
④手轮加力时不得超过仪器预设限值。

4.2.2　等差线、等倾线条纹的观测实验

1. 实验目的

①掌握等差线和等倾线的描绘方法。
②学会用钉压法判断主应力方向。
③学习确定非整数级条纹级数的方法。

2. 仪器设备

①TST-1003微型LED数码光弹仪或TST-1002微型双屏数码光弹仪。
②小钉。
③光弹模型。

3. 实验原理

(1)等差线的描绘

在圆偏振光场中，当受力模型呈现以暗场为背景的等差线图时，各条纹的级数为整数级条纹，$n = 0, 1, 2\cdots$；若受力模型呈现以明场为背景的等差线图时，各条纹的级数为半数级条纹，$n = 0.5, 1.5, 2.5\cdots$。具体实施时，首先确定$n = 0$的点或条纹的位置(白光光源时，只有

该点或条纹是黑色的），只要模型形状、载荷作用点及方向不变，这些点或条纹的位置是不随载荷大小变化的，其他条纹级数可根据应力分布的连续性依次数出。条纹级数的递增方向（或递减方向），可采用白光光源，依据等差线条纹的色序而定。当色序的变化为黄、红、蓝、绿……，则为级数增加的方向，反之为级数递减的方向。

（2）发源点与隐没点

在单色光照射下，模型上某些点可能呈暗黑色，但随着载荷的增减，其明暗程度随之变化。在载荷增加过程中，有些点的条纹连续向外扩散，这些点称为发源点，它们的条纹级数比周围的条纹级数高；有些条纹向某些点收敛，这些收敛点称为隐没点，它们的条纹级数比周围的条纹级数低。发源点和隐没点只能够判别周围条纹级数的高低方向，不能直接判别其级数。

（3）非整数级条纹级数的确定

在圆偏振光场中，可以分别得到整数级和半数级条纹级数等差线。而试件上的测点并非都是正好在整数级或半数级条纹上，因此需要测出这些点的小数级。测量小数级等差线的方法很多，这里介绍其中的一种方法——旋转检偏镜法中的双波片法。双波片法采用双正交圆偏振光场布置，首先将两偏振片的偏振轴 P 和 A 分别与被测点的两个主应力方向重合（图 4 – 5），然后转动检偏镜 A，使附近的一条整数条纹 n 的等差线移至通过该测点（图 4 – 6），检偏镜偏振轴 A 转动角度为 θ_1，被测点的条纹级数 n_0 为：

$$n_0 = n + \frac{\theta_1}{\pi} \tag{4-4}$$

如果检偏镜偏振轴 A 向另一方向旋转了 θ_2 角，而 $n+1$ 级条纹移至被测点（如图 4 – 6），则被测点的条纹级数 n_0 为：

$$n_0 = (n+1) + \frac{\theta_2}{\pi} \tag{4-5}$$

（4）等倾线的描绘

用白光作光源，在平面偏振光场中可获得等倾线。这时等差线除零级条纹外都是彩色条纹的，而等倾线则总是黑色的。识别等倾线比识别等差线要困难些。为了准确识别（描绘）等倾线，应适当调整实验载荷，尽量避免等差线干扰等倾线，然后转动加载架或缓慢地同步旋转起偏镜和检偏镜，反复观察等倾线的变化规律，掌握其特征。值得注意的是：①对称轴必为一条等倾线；②任意倾角的等倾线必通过各向同性点；③自由曲线边界上各点的切线或法线方向即为该点的主应力方向。测试时通常约定以起、检偏镜的偏振轴分别位于垂直和水平位置时为基准，这时模型上出现的等倾线为 0°等倾线。同步反时针旋转起、检偏镜（或转动加载架），每隔 5°或 10°（根据需要确定间隔的度数）在同一幅等倾线图上描绘出相应的等倾线，并标明其倾角度数，直到绘完 90°为止。如果采用数码相机记录等倾线条纹，则可以先分别拍摄各角度下对应的条纹图像再导入计算机进行叠加处理。

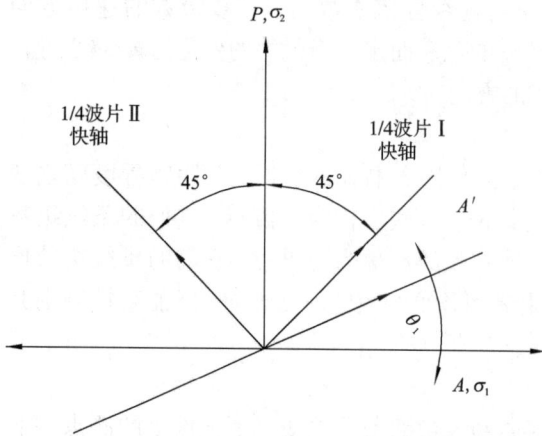

图4-5　双波片法光场布置图

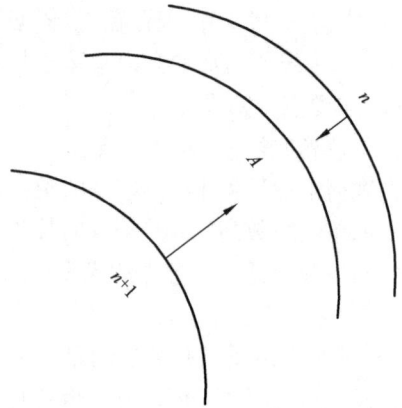

图4-6　条纹移动示意图

4. 实验步骤

①调整光弹仪,使之处于平面偏振光场,开启白光光源。

②安装试件,加少许载荷,使等倾线清晰可见。

③同步转动起、检偏镜或转动加载架,每转5°或10°(根据需要确定间隔的度数),将等倾线画下并标明度数,直至等倾线绘制或拍摄完毕。

④安装1/4波片,调整光场,使之处于双正交圆偏振光场,准备观测等差线条纹。

⑤切换单色光源。

⑥反复调整载荷,仔细观察等差线变化情况直至基本掌握其变化规律。

⑦调整好载荷,绘制或拍摄等差线整数级条纹并标明级数。

⑧转动检偏镜,使光场成为明场。

⑨绘制或拍摄等差线半数级条纹并标明半数级级数。

⑩卸载,取下试件,仪器复原。

5. 实验报告

①简单描述实验过程。

②整理、展示实验获得的等差线和等倾线成果资料。

6. 实验注意事项

①切忌用手触摸光弹仪上的光学器件。

②对模型加载时,要正确平稳,防止模型弹出损坏镜片。

③手轮加力时不得超过仪器预设限值。

4.2.3　材料条纹值测定实验

1. 实验目的

①了解材料条纹值代表的含义。
②掌握测定材料条纹值的方法。

2. 仪器设备

①TST - 1003 微型 LED 数码光弹仪或 TST - 1002 微型双屏数码光弹仪。
②环氧树脂模型。
③游标卡尺。

3. 实验原理

材料条纹值 f 表示当模型材料为单位厚度时，对应于某一定波长的光源，产生一级等差线条纹所需的主应力差值。测定材料条纹值可利用对径受压圆盘来测定。

由弹性力学知识可知，对径受压圆盘圆心处的应力为：

$$\sigma_1 = \frac{2P}{\pi Dh} \tag{4-6}$$

$$\sigma_2 = -\frac{6P}{\pi Dh} \tag{4-7}$$

式中：P 为对径施加的载荷，kN；D 为圆盘的直径，mm；h 为模型的厚度，mm。

当测得圆心处等差线条纹级数为 n 时，则：

$$\sigma_1 - \sigma_2 = \frac{nf}{h} \tag{4-8}$$

将式(4-6)、式(4-7)代入式(4-8)，得到材料条纹值为：

$$f = \frac{8P}{\pi Dh} \tag{4-9}$$

采用对径受压圆盘测定材料条纹值误差小，精度高，圆心处时间边缘效应小，因此使用该方法测定材料条纹值较为普遍。

值得注意的是，如果条件允许，实验应考虑分级加载。当采用分级加载时，则应测出每级载荷下的条纹级数差，并计算出相应的材料条纹值，最后通过取平均值得到材料条纹值。

4. 实验步骤

①测量试件几何尺寸，并在圆心处做好标记。
②调整光弹仪，使之处于双正交圆偏振光场，开启白光光源。
③安装试件。
④更换单色光光源。
⑤加载至测点出现 4~5 级条纹为止，记录圆盘中心处的条纹级数 n 及对应的荷载 P（或逐级加载并记录 ΔP、Δn，采用增量法进行计算）。
⑥卸载，取下试件，仪器复原。

5. 实验报告

①简述实验过程。

②计算材料条纹值。

6. 实验注意事项

①光弹仪上的镜片部分切忌用手触摸。

②对模型加载时，要正确平稳，防止模型弹出损坏镜片。

4.2.4　应力集中系数测量实验

1. 实验目的

①观察孔边应力集中现象。

②利用平面光弹性方法测量带孔板拉伸时的孔边应力集中系数。

2. 仪器设备

①TST – 1003 微型 LED 数码光弹仪或 TST – 1002 微型双屏数码光弹仪

②带孔环氧树脂板试件

3. 实验原理

树脂板试件如图 4 – 7 所示，试件两端的小孔是便于加载而设置的。

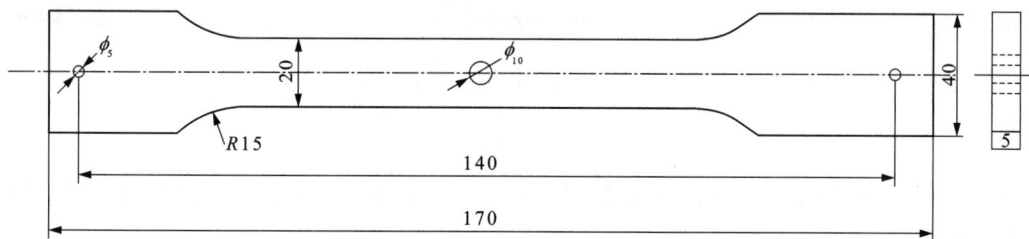

图 4 – 7　带孔环氧树脂板试件

ϕ_5—孔径为 5 mm；ϕ_{10}—孔径为 10 mm

　　由材料力学知识可知：当构件的尺寸有突变，如切口、小孔等，则局部应力将急剧增加，这种现象称为应力集中现象。产生应力集中截面上的最大应力 σ_{max} 与同一截面上的平均应力 σ_0 之比称为应力集中系数，用 α_k 表示。α_k 由下式计算：

$$\alpha_k = \frac{\sigma_{max}}{\sigma_0} \qquad (4 - 10)$$

　　本实验采用带孔拉伸试件来测定孔边的应力集中系数 α_k 的大小。将试件置入正交圆偏振光场中，在轴力 P 作用下，孔边将产生应力集中现象。由于孔边为自由表面，处于单向应力状态，若测得孔边最大条纹级数为 n_{max}，则可计算孔边最大应力由下式计算：

$$\sigma_{max} = \frac{n_{max} \cdot f}{h} \qquad (4-11)$$

而拉伸板因为开孔造成局部削弱处的最小横截面上的平均应力 α_0 由下式计算：

$$\alpha_0 = \frac{P}{(b-D) \cdot h} \qquad (4-12)$$

式中：b 为模型的宽度，mm；D 为模型上圆孔的直径，mm；f 为材料条纹值；h 为板的厚度，mm。

为了确定最大条纹级数 n_{max}，可以先选取模型上一些明显的应力为零的特殊点确定零级条纹的位置，然后结合前面实验介绍的确定条纹级数的办法，可依次确定更高级的条纹值。

4. 实验步骤

①用游标卡尺测量试件的截面尺寸。

②将光弹仪调整为正交圆偏振光场，安装拉伸夹头，并调整加载杠杆平衡。

③安装试件。加载稍许，开启白光光源，调整杠杆高度或试件受力位置直至等差线图案对称。

④在白光光源下，对试件逐渐加载，仔细观察应力均匀区和孔边应力集中区的等差线图案的变化规律，直至孔边应力集中区出现 4~5 级条纹。在初步掌握了条纹变化规律后，卸载至初始载荷位置。

⑤改用单色光源，逐步加载至孔边应力集中区出现 4~5 级条纹，拍摄模型边界线及等差线的位置，并标明级数，记下载荷值。

⑥结束实验。实验完毕后，整理所记录的实验数据和图像；卸掉实验载荷；关闭仪器电源；将实验仪器复原；清理实验现场；将实验数据交指导老师签字同意后离开实验室。

5. 实验注意事项

①光弹仪上的镜片部分切忌用手触摸。

②对模型加载时，要正确平稳，防止模型弹出损坏镜片。

6. 实验数据处理与分析

应力集中系数 α_k 由下式计算：

$$\alpha_k = \frac{\sigma_{max}}{\sigma_0} = \frac{n_{max} \cdot f \cdot (b-D)}{P} \qquad (4-13)$$

7. 实验报告

①简述实验目的及实验过程。

②绘出等差线图，标明条纹级数。

③计算应力集中系数 α_k 的值。

第5章

动力测试实验模块

5.1　动力测试实验仪器

5.1.1　光电传感器

　　光电传感器是一种基于光电效应的传感器，它把测量的变化转换成光信号（例如，光强度）的变化，然后借助光电元件进一步将非电信号转换成电信号。光电传感器具有精度高、反应快、非接触等优点，可测参数多，而且传感器的结构简单，形式灵活多样，在实验检测和控制中应用广泛。

　　光电传感器一般包括发送器、接收器和检测电路三个部分。

　　发送器对准目标发射光束，发射的光束一般来源于半导体光源，发光二极管（LED）、激光二极管及红外发射二极管。光束不间断地发射，或者改变脉冲宽度。接收器有光电二极管、光电三极管、光电池组成。在接收器的前面，装有光学元件如透镜和光圈等。在其后面是检测电路，它能滤出有效信号和应用该信号。

　　（1）槽型光电传感器

　　把一个光发射器和一个接收器面对面地装在一个槽的两侧组成槽形光电传感器，如图5-1（a）所示。它是一种遮挡型的光电传感器。发光器能发出红外光或可见光，在无阻情况下光接收器能收到光。但当被检测物体从槽中通过时，光被遮挡，光电开关便动作，输出一个开关控制信号，切断或接通负载电流，从而完成一次控制动作。

　　（2）对射型光电传感器

　　若把发光器和收光器分离开，就可使检测距离加大，一个发光器和一个收光器组成对射分离式光电传感器，简称对射式光电开关，如图5-1（b）所示。对射式光传感器的检测距离可达几米乃至几十米。使用对射式光电传感器时把发光器和收光器分别装在检测物通过路径的两侧，检测物通过时阻挡光路，收光器就动作输出一个开关控制信号。

　　（3）反射式光电传感器

　　把发光器和收光器装入同一个装置内，在前方装一块反光板，利用反射原理完成光电控制作用，称为反光板反射式（或反射镜反射式）光电传感器。正常情况下，发光器发出的光源被反光板反射回来再被收光器收到；一旦被检测物挡住光路，收光器收不到光时，光电开关就动作，输出一个开关控制信号。

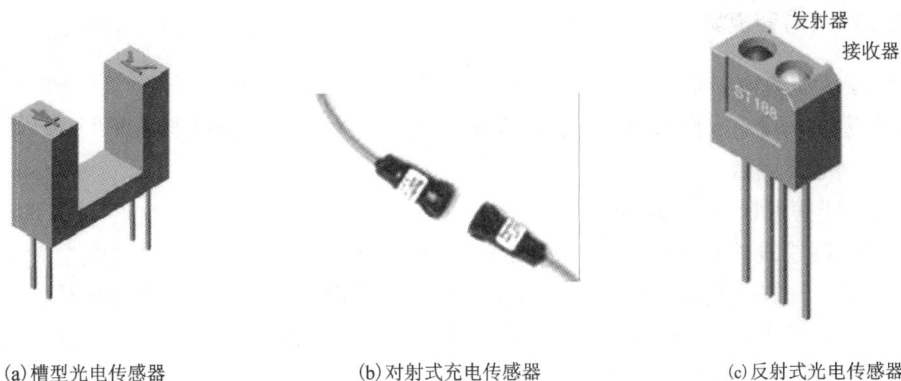

(a)槽型光电传感器　　　　　　(b)对射式充电传感器　　　　　　(c)反射式光电传感器

图 5 – 1　光电传感器

5.1.2　理论力学多功能实验台

理论力学多功能实验台如图 5 – 2 所示。该实验台将实验数据采集和显示功能集成为"传感器 + PLC + 触摸屏"模式即可编程逻辑控制器,兼容自动和手动功能。该实验台可进行摩擦因数测定等七个综合性实验项目。

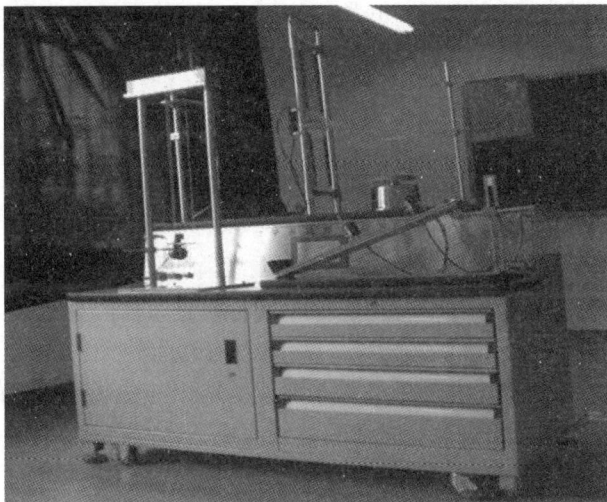

图 5 – 2　理论力学多功能实验台

1. 实验台的组成

理论力学多功能综合实验台主要由车式柜体、读写触摸屏、绕线三线摆模型、摩擦因数测试架、电缆风振模型、风机、调压器等主要部分组成,并配有风速仪、转速仪、盘秤、连杆、强迫振动方盒、高度调节垫块、等效圆柱体、非均质摇臂、悬吊重心模型(组合件)、沙袋、沙漏及支架、砝码及挂钩、水准泡、滑块、坡度仪等。

2. 主要实验内容模块

（1）摩擦因数测定实验

调整滑道的角度，取出滑块，使之从滑道的顶端自由滑下，测出所用时间，计算出不同材料间的滑动摩擦因数。

（2）用三线摆测量均质圆盘的转动惯量

调整三线摆摆线长 l，给圆盘一个初始角（一般小于6°），释放圆盘使三线摆发生扭转振动，测出周期并计算圆盘转动惯量的实验值，与圆盘转动惯量的理论值进行比较。改变三线摆的线长，测出周期并计算出转动惯量，进一步分析摆线长度对测试结果的影响。

（3）用等效方法测非均质物体的转动惯量

调整三线摆线长 l，进行转动惯量等效实验，分别测出凸轮跳杆与等质量体扭转振动的周期，通过建立等质量体的周期与转动惯量之关系，从而求出非均质物体凸轮跳杆的转动惯量。

（4）单自由度振动系统的刚度和固有频率测量

用不同砝码和挂钩吊在模拟高压输电线的半圆模型下部中间的圆孔上，观测弹簧系统的变形，计算出单自由度振动系统的刚度 k，再求出固有频率 f_0。

（5）"空中输电线"模型的振幅与风速关系曲线测定实验

实验展示自激振动现象及其与自由振动和强迫振动的区别，揭示自激振动模型的振幅与风速的关系。旋转调速器使风扇由低速开始逐级增速，测量风机转速及在高压输电线的半圆振动模型附近的风速，得到振动模型的振幅和风速的曲线图。通过这一实验过程能了解到自激振动现象及特征。

（6）实验法求重心

①悬吊法：用细绳悬吊起型钢模型，借助数码相机和相关软件找到重心位置。

②称重法：取出连杆、支架，以及称重用的秤，用称重法求出连杆的质量和重心位置。

（7）比较渐加载荷、突加载荷、冲击载荷、偏振载荷四种载荷的区别。

取出细沙沙袋，将细沙倒入漏斗连续漏在秤盘上做渐加载荷实验，绘出力与时间的关系曲线。装好沙袋，在秤盘上做突加载荷实验，绘出力与时间的关系曲线。将沙袋提起高度 h（如5 cm）后，自由落下，绘出力与时间的关系曲线。取出与沙袋等质量的偏振方盒，开启电机，调整转速，放置秤盘上，绘出力与时间的关系曲线。

3. 操作步骤

①将操作面板上的电源开关旋至开的位置，系统通电后启动。

②点击触摸屏中间位置，进入用户密码界面，输入用户名与密码，进入主菜单。

③选择实验项目，进入相应实验界面。

④按实验要求进行实验，并记录实验结果。

⑤实验结束后，点击返回按钮，回到主菜单。

⑥关闭电源，整理实验现场。

4. 注意事项

理论力学多功能实验台装有多个光电开关和精密传感器,实验时,要保护好光电开关和精密传感器,不得用力敲打光电开关和精密传感器;不得用力碰撞和敲击触摸屏;也不得随意调整光电开关的感应距离。

5.2　动力测试实验实例

5.2.1　摩擦因数测定实验

1. 实验目的

①掌握滑动摩擦因数测定的实验原理与方法。
②对比不同材料相对滑动时的摩擦因数,分析其影响因素。

2. 仪器设备

①不同材料的滑块。
②摩擦因数测定实验装置。

3. 实验原理

假定质量为 m 的滑块沿倾角为 θ 的斜面以加速度 a 滑下,滑动摩擦因数为 f_d。对滑块进行受力分析,受力简图如图 5-3,可列力的平衡方程如下:

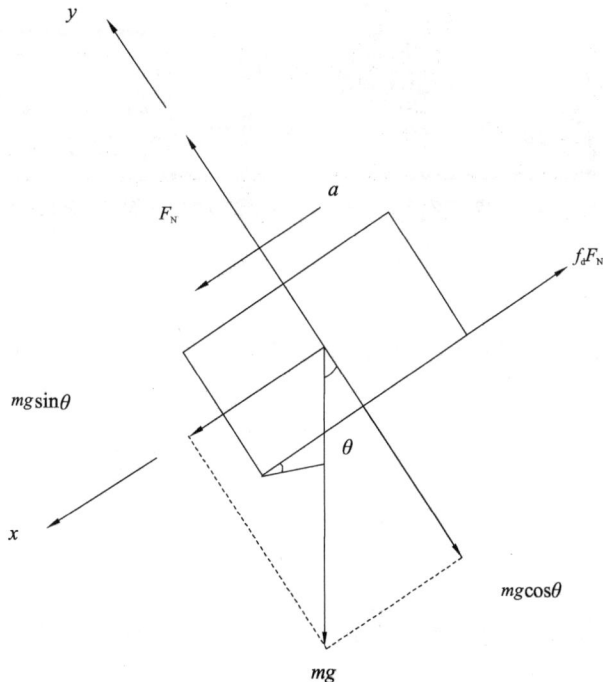

图 5-3　滑块受力简图

$$\sum X = ma, \quad ma = mg\sin\theta - F_{N}f_{d}$$

$$\sum Y = 0, \quad F_{N} = mg\cos\theta$$

由以上两式可得:

$$f_{d} = \text{tg}\theta - \frac{a}{g\cos\theta} \tag{5-1}$$

为了测定加速度 a 的大小,在斜面板上安装有两个光电传感器,每个滑块有左右两条挡光片,挡光片中心间距 S 为 50 mm。设滑块通过第一个光电传感器的时间为 t_1,滑块速度为 v_1;通过第二个光电传感器的时间为 t_2,速度为 v_2。滑块通过两个光电传感器之间的距离所用时间为 t_3,如图 5-4 所示。则:

$$v_1 = \frac{S}{t_1} \tag{5-2}$$

$$v_2 = \frac{S}{t_2} \tag{5-3}$$

此时 v_1、v_2 代表滑块质心点的速度。由于采集时间 t_3 的开始与结束时两个光电传感器并没有对应在滑块质心处,因此采用 v_1、v_2 和 t_3 来计算滑块加速度 a 存在一定的误差。

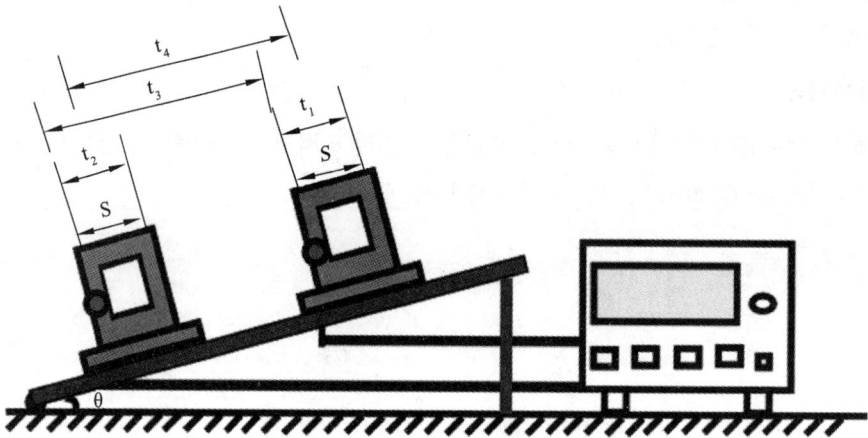

图 5-4 时间 t 示意图

为此将时间 t_3 修正为 t_4,当两个光电传感器分别对应在滑块质心处时,作为 t_4 计算的起始点与结束点。则:

$$t_4 = t_3 - \frac{t_1}{2} + \frac{t_2}{2} \tag{5-4}$$

由 v_1、v_2 和 t_4 计算出滑块的加速度 a:

$$a = \frac{v_2 - v_1}{t_4} \tag{5-5}$$

实验时通过光电传感器自动采集的时间 t_1、t_2 和 t_3 以及斜面板的倾角,即可计算出滑动摩擦因素 f_d 的大小。

3. 实验步骤

①调节斜面倾角，确保滑块能顺利下滑，记录角度值。

②打开系统电源开关，点击触摸屏中央进入用户界面，输入用户名"1"与密码"1"，进入主菜单，点击"摩擦因数实验"进入测试界面。

③先按"复位"按钮键，将表格中数据清零，再按"开始"按钮，"运行"按钮开始闪烁，仪器进入数据采集准备状态。

④将滑块放在斜面高端，松手让其自由滑落，系统自动显示 t_1、t_2、t_3、t_4。

⑤再按"开始"按钮，进行多次重复测量，记录 5 次有效数据。

⑥更换材料，重复实验步骤③~⑤。

⑦关闭仪器电源，复原实验设备。

4. 实验注意事项

①斜面倾角调整时，不要用力过猛，也不必刻意将其调整到特殊角度（如 30°），但应保证滑块能够顺利滑下。

②每次滑块滑行前要保证斜面清洁，测试完毕，检查数据是否有效，无效数据舍去。

③实验点击"运行"按钮后，身体各部位不要做切割激光的动作。

5.2.2　刚体转动惯量测定实验

1. 实验目的

①掌握用"三线摆"测定规则物体转动惯量的原理与方法。

②掌握用"等效法"测定不规则物体转动惯量的原理与方法。

2. 仪器设备

①均质圆盘、非均质物体、等效圆柱体。

②三线摆实验装置。

3. 实验原理

（1）均质圆盘转动惯量测量

如图 5 - 5 所示三线摆，均质圆盘质量为 m，半径为 R，三线悬吊半径为 r，摆线长为 l。当均质圆盘做扭转角小于 6°的微振动时，测得扭振周期为 T_T。

现讨论圆盘的转动惯量 J_0 和扭振周期 T_T 的关系。设圆盘最大转角为 θ_{max}，当圆盘转角为 θ 时，摆线偏转角度为 φ，则有：

$$r\theta = l\varphi, \ r\theta_{max} = l\varphi_{max} \tag{5-6}$$

设三线摆做初始转角等于 0，转动角速度等于 ω_n 的简谐振动，则有：

$$\theta = \theta_{max}\sin\omega_n t, \left(\frac{\mathrm{d}\theta}{\mathrm{d}t}\right)_{max} = \omega_n\theta_{max} \tag{5-7}$$

圆盘转动时，最大动能 E_{kmax} 为：

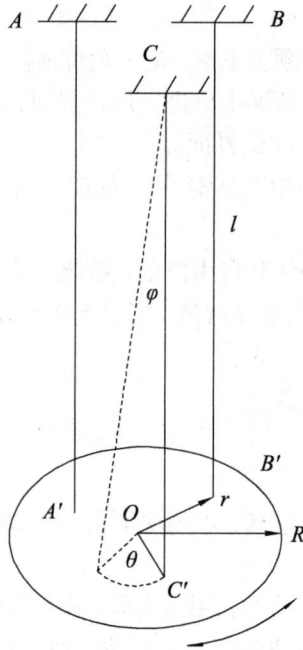

图 5-5 三线摆装置简图

$$E_{\text{kmax}} = \frac{1}{2}J_0\left(\frac{d\theta}{dt}\right)^2_{\text{max}} = \frac{1}{2}J_0\omega_n^2\theta_{\text{max}}^2 \tag{5-8}$$

最大势能 E_{pmax} 为：

$$E_{\text{pmax}} = mgl(1-\cos\varphi_{\text{max}}) \approx \frac{1}{2}mgl\varphi_{\text{max}}^2 = \frac{1}{2}mg\frac{r^2}{l}\theta_{\text{max}}^2 \tag{5-9}$$

忽略空气阻力的影响，圆盘能量守恒，即：

$$E_{\text{kmax}} = E_{\text{pmax}}, \ \frac{1}{2}J_0\omega_n^2\theta_{\text{max}}^2 = \frac{1}{2}mg\frac{r^2}{l}\theta_{\text{max}}^2 \tag{5-10}$$

则圆盘固有频率 ω_n^2 满足下式：

$$\omega_n^2 = \frac{mgr^2}{J_0 l} \tag{5-11}$$

得到圆盘转动惯量 J_0 为：

$$J_0 = \left(\frac{T}{2\pi}\right)^2\frac{mgr^2}{l} \tag{5-12}$$

均质圆盘转动惯量理论值计算公式为：

$$J_0 = \frac{1}{2}mR^2 \tag{5-13}$$

实验时通过测定均质圆盘转动周期，依(5-12)式即可计算出其转动惯量实验值，可将它与理论值进行比较，并分析实验误差产生的原因。

（2）非均质物体转动惯量测量

对于非均质物体(如凸轮跳杆)的转动惯量可以采用等效方法测定。在相同实验条件下，两个质量相等的物体，如果转动周期相等，则可认为它们的转动惯量也是相等的。

实验时先用三线摆实验装置测出非均质物体的转动周期，然后将等效圆柱体对称安装在三线摆的托盘上，调整两个圆柱体中心间的距离为规定值，测量其转动周期。等效圆柱体的转动惯量可以采用平行移轴定理计算，公式如下：

$$J_0 = 2\left[\frac{1}{2}m_1\left(\frac{d}{2}\right)^2 + m_1\left(\frac{S}{2}\right)^2\right] \qquad (5-14)$$

式中：m_1 为单个圆柱体的质量，kg；d 为圆柱体直径，mm；S 为两个圆柱中心间距，mm。

非均质物体的转动惯量则采用线性插入法进行计算。例如，若测出非均质物体的转动周期 $T_非$ 处于 T_{s2} 与 T_{s3} 之间，如图 5-6 所示，则：

$$J_{0,非} = J_{0,s2} + \frac{T_非 - T_{s2}}{T_{s3} - T_{s2}} \cdot (J_{0,s3} - J_{0,s2}) \qquad (5-15)$$

若 $T_非$ 处于 T_{s1} 与 T_{s2} 之间，可以采用类似的线性插入方法进行计算。

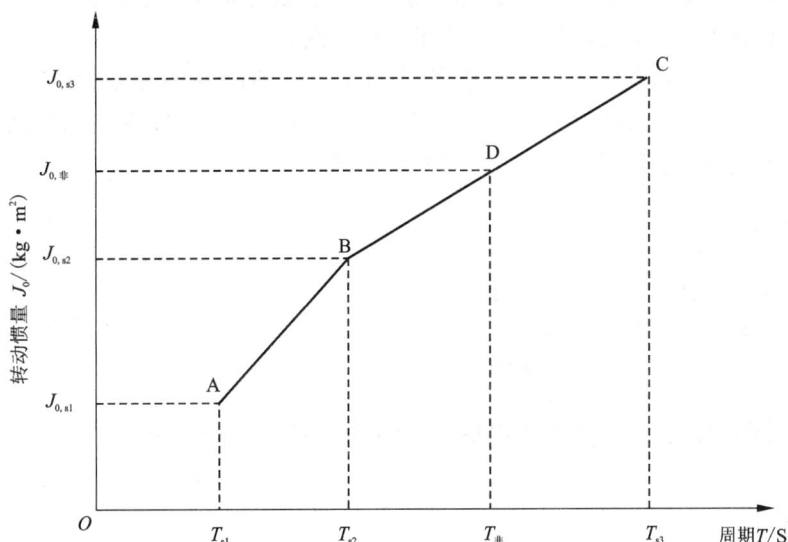

图 5-6　线性插入示意图

图注：T_{s1}、T_{s2}、T_{s3} 为等效圆柱体中心距离为 S_1、S_2、S_3 时的转动周期，$T_非$ 为非均质物体的转动周期，$J_{0,s1}$、$J_{0,s2}$、$J_{0,s3}$、为等效圆柱体中心距离为 S_1、S_2、S_3 时的转动惯量，$J_{0,非}$ 为非均质物体的转动惯量。

4. 实验方法和步骤

（1）均质圆盘转动惯量测定

①打开电源，进入用户界面，输入用户名"1"和密码"1"，点击"转动惯量实验"按钮，进入实验内容选择界面。

②点击"均质物体转动惯量测试"按钮，进入测试界面。

③松开三线摆顶部固定螺栓，转动手轮，使三线摆长为 500 mm，将均质圆盘放在托盘上，并将圆盘调整至水平状态。

④用手轻微转动上部圆盘，使三线摆产生一个初扭转角，然后释放圆盘，三线摆发生扭转振动。

⑤先点击"复位"按钮，再点击"开始"按钮，系统将采集并显示圆盘扭转 20 次后的平均周期并显示在表格中。

⑥重新稳定圆盘，按"开始"按钮，重复测量 3 次。

⑦重新调整摆长为 600 mm 和 700 mm，重复③~⑥步骤进行实验。

⑧关闭仪器电源，整理实验器材，清理实验现场。

（2）非均质物体转动惯量测定

①打开电源，进入用户界面，输入用户名和密码，点击"转动惯量实验"，进入实验内容选择界面。

②点击"非均质物体转动惯量测试"按钮，进入测试界面。

③松开三线摆顶部固定螺栓，转动手轮，使三线摆长为 700 mm，调整圆盘至水平状态。

④将非均质物体放入托盘，尽量使其转动中心与托盘中心重合，将托盘调为水平，转动上部圆盘产生扭转振动，重复测量 3 次，记录振动周期。

⑤将等效圆柱体对称安装在三线摆的托盘上，调整圆柱体中心之间的距离分别为 40 mm、50 mm、60 mm，每种状态下重复测量物体的转动周期 3 次，并记录数据。

⑥关闭仪器电源，整理实验器材，清理实验现场。

5. 注意事项

①测试前须对将托盘调至水平状态。
②等待圆盘转动稳定后开始测试。
③转动角度不要过大，尽量避免圆盘发生摆动。

5.2.3 "空中输电线"模型的振幅与风速关系曲线测定实验

1. 实验目的

①了解风激励对"空中输电线"产生的振动响应，认识共振的危害性。
②感知"空中输电线"的抽象模型。
③测取"空中输电线"模型的振动幅值与风激励速度之间的关系曲线。

2. 仪器设备

①"空中输电线"模型。
②交流可调电源。
③风速仪。
④光电转速表。

3. 实验原理

"空中输电线"可以抽象为由弹簧和质量块组成的系统模型。在风激励下，该系统将产生振动。激励频率与风速有关，而系统振幅又与激励频率有关。在不同的风速下，激励频率不同，系统的稳定振幅也不相同。当激励频率接近系统的固有频率时，系统将产生共振。

4. 实验步骤

①仔细阅读本实验的注意事项。

②将操作面板上的电源开关旋至开的位置，系统通电后启动。点击触摸屏中间位置，进入用户密码界面。输入相应的用户名与密码，进入主菜单。点击"风振模型实验"按钮，进入到风振模型实验测试界面。

③接通调压器的电源，调整电压由低到高使风机起动，并让电压旋扭指示到 100 V 的位置上。

④分别用转速仪和风速仪测量风机的转速和电缆模型处的风速。

⑤待风振模型振动平稳后，输入 Y 值。

⑥先按"复位"按钮，再按"开始"按钮，"开始"按钮闪烁表明系统正在测试振幅，"开始"按钮停止闪烁后在表格中会显示系统测出的振幅，连续测 6 次，并记录下来。

⑦调节电压，每次增加 5 ~ 150 V，每次均记录转速、风速和振幅。

⑧按下"数据保存"按钮，系统会保存这次的实验数据，并自动绘出模型的振幅与风速之间的关系图。

⑨实验过程观察自激振动现象与特征，并分析与自由振动和受迫振动的区别。

⑩按"返回"按钮回到主菜单。实验结束后，将调压器旋钮旋转到 0 V 处，即关闭电源。

5. 实验结果与数据处理

（1）数据记录

风机电压 U/V	风机转速 $r/(r \cdot min^{-1})$	风速 $v_w/m \cdot s^{-1}$	模型振幅 A_{p-p}/mm
100			
105			
110			
115			
120			
125			
130			
135			
140			
145			
150			

（2）绘制模型振幅与风速关系曲线（A_{p-p}—v_w）

6. 实验注意事项

①测量风机转速时，要注意转速表与风机间的适当距离间隔，一般控制在 20 mm 左右，不宜太大或太小。

②风机测速面，应保持清洁，以免产生测速干扰。

③风速仪应在整个测试过程中，保持同位置、同方位，并避免将吹向模型的风挡住。

5.2.4　四种不同典型载荷观测与比较实验

1. 实验目的

①了解渐加、空加、冲击和振动等常见载荷。

②比较四种不同类型载荷对承载体的作用力特性。

2. 仪器设备

①理论力学多功能实验台。

②标准砝码。

③石英沙袋。

④偏心振动实验装置。

3. 实验原理

渐加载荷、突加载荷、冲击载荷和振动载荷是工程中常见的四种载荷。不同类型的载荷对承载体的作用力是不同的。将不同类型的载荷作用在同一台式受力装置上，可以方便地观察到各自的作用力与时间的关系曲线，并进行相互比较。

4. 实验步骤

①将操作面板上的电源开关旋至开的位置，系统通电后启动。点击触摸屏中间位置，进入用户密码界面。输入相应的用户名与密码，进入主菜单。点击"四种载荷实验"按钮，进入四种载荷实验子菜单。

②点击"渐加载荷实验"，进入渐加载荷曲线界面。

③点击"下一页"，进入实时载荷曲线界面。首先要进行称重系统"校零"，即检查称重器显示的值是否为 0，若不为 0，则输入此时的显示值，使称重器上显示的重量为 0。

④"校零"后返回到渐加载荷曲线界面。将沙漏装在横杆上，一端系好已装 500 g 沙子的沙袋，另一端系好空沙袋。

⑤先按"复位"按钮，再按"开始"按钮，"开始"按钮一直在闪烁运行，系统开始记录数据。

⑥将空沙袋放在称重器上，将另一沙袋中的沙子倒入沙漏中。

⑦等待沙子漏完后、"开始"按钮停止闪烁，再按"曲线显示"，渐加载荷的过程曲线会显示在屏上并保存。

⑧按"复位"按钮，数据全部清零。按"返回"按钮，回到子菜单。

⑨按"突加载荷实验"按钮，进入突加载荷曲线界面。

⑩先按"复位"按钮，再按"开始"按钮。"开始"按钮一直在闪烁，系统等待加载测试。

⑪将 500 g 的沙袋在距称重台面 5 mm 的地方突然松开，直到"开始"按钮运行灯停止闪烁。再按"曲线显示"按钮，系统将此次实验曲线显示在屏上并保存起来。

⑫按复位"按钮"，全部清零。按"返回"按钮，系统返回到子菜单。

⑬点击"冲击载荷实验"按钮，进入冲击载荷实验曲线界面。

⑭点击"开始"按钮，"运行"灯开始闪烁，等待加载测试。

⑮将沙袋在距离承重台面 50 mm 高的位置突然松开。直到运行灯停止闪烁，再按"曲线显示"按钮，系统将此次实验曲线显示在屏上并保存起来。

⑯按"复位"按钮，全部清零。按"返回"按钮，系统返回到子菜单。

⑰点击"振动载荷实验"按钮，进入振动载荷实验曲线界面。

⑱点击"开始"按钮，"运行"灯开始闪烁，等待加载测试。

⑲将带偏心转子的振动模型放在称重器上，并将其电源开关打开。

⑳按"复位"按钮，并快速地按下"起动"按钮，也可只按复位按钮。直到"开始"按钮运行灯停止闪烁，再按"曲线显示"按钮，系统将此次实验曲线显示在屏上并保存起来。

㉑按"复位"按钮，全部清零。按"返回"按钮，系统返回到子菜单。

㉒实验完毕返回到主菜单，退出。

5. 实验结果与数据处理

画出各种载荷的力 – 时间的关系曲线。

6. 实验注意事项

①观察渐加载荷时，应掌握好倒沙的速度，适中即可。

②观察冲击载荷时，无须将沙袋拎得太高，以免对台式受力装置造成过度冲击。

③注意调节偏心电机的转速，使其不要太快。

思考题

1. 摩擦因数与哪些影响因素有关？

2. 实验时，为什么要限制冲击载荷的高度？

3. 四种类型的载荷，哪种对承载体更具破坏性？

4. 如果转速表数据有跳动情况，请分析其原因？

5. 可否改变风机电压后马上测系统的振幅？为什么？

第 6 章

现代测试技术实验模块

6.1 现代测试技术实验仪器

6.1.1 工业数字相机

1. 工业数字相机的原理

工业数字相机又称摄像机,相比于传统的民用相机,它具有更高的图像稳定性、传输能力和抗干扰能力等。目前市面上的工业数字相机大多是基于 ccd(chargecoupled device)或 cmos(complementarymetal oxide semiconductor)芯片的相机。ccd 芯片是目前机器视觉最为常用的图像传感器。它集光电转换及电荷存贮、电荷转移、信号读取于一体,是典型的固体成像器件。ccd 图像传感器的突出特点是以电荷为信号。这类成像器件通过光电转换形成电荷包,而后在驱动脉冲的作用下转移、放大输出图像信号。典型的基于 ccd 芯片的相机由光学镜头、时序及同步信号发生器、垂直驱动器、模拟/数字信号处理电路组成。ccd 芯片作为一种功能器件,与真空管相比,具有无灼伤、无滞后、低电压工作、低功耗等优点。cmos 图像传感器的开发最早出现在 20 世纪 70 年代初,90 年代初期,随着超大规模集成电路制造工艺技术的发展,cmos 图像传感器得到迅速发展。cmos 图像传感器将光敏元阵列、图像信号放大器、信号读取电路、模数转换电路、图像信号处理器及控制器集成在一块芯片上,还具有局部像素的编程随机访问的优点。目前,cmos 图像传感器以其良好的集成性、低功耗、高速传输和宽动态范围等特点在高分辨率和高速场合得到了广泛的应用。

2. 工业数字相机的主要参数

(1)分辨率(resolution)

相机每次采集图像的像素点数(pixels),对于工业数字相机一般是直接与光电传感器的像元数对应的,对于模拟相机则是取决于视频制式,pal 制为 768×576,ntsc 制为 640×480。

(2)像素深度(pixel depth)

像素深度即每像素数据的位数,一般常用的是 8 bit,对于数字相机一般还会有 10 bit、12 bit等。

(3)最大帧率(frame rate)/行频(line rate)

相机采集传输图像的速率,对于面阵相机一般为每秒采集的帧数(frames/sec.),对于线阵相机为每秒采集的行数(Hz)。

(4)曝光方式(exposure)和快门速度(shutter)

对于线阵相机都是逐行曝光的方式,可以选择固定行频和外触发同步的采集方式,曝光时间可以与行周期一致,也可以设定一个固定的时间;面阵相机有帧曝光、场曝光和滚动行曝光等几种常见方式,数字相机一般都提供外触发采图的功能。快门速度一般可到 10 μs,高速相机还可以更快。

(5)像元尺寸(pixel size)

像元大小和像元数(分辨率)共同决定了相机靶面的大小。目前数字相机像元尺寸一般为 3~10 μm,一般像元尺寸越小,制造难度越大,图像质量也越不容易提高。

(6)光谱响应特性(spectral range)

是指该像元传感器对不同光波的敏感特性,一般响应范围是 350~1000 nm,一些相机在靶面前加了一个滤镜,滤除红外光线,如果系统需要对红外感光时可去掉该滤镜。

3. 工业数字相机的分类

工业数字相机按照芯片类型可以分为 ccd 相机、cmos 相机;按照传感器的结构特性可以分为线阵相机、面阵相机;按照扫描方式可以分为隔行扫描相机、逐行扫描相机;按照分辨率大小可以分为普通分辨率相机、高分辨率相机;按照输出信号方式可以分为模拟相机、数字相机;按照输出色彩可以分为单色(黑白)相机、彩色相机;按照输出信号速度可以分为普通速度相机、高速相机;按照响应频率范围可以分为可见光(普通)相机、红外相机、紫外相机等。

6.1.2　超声波探伤仪

超声波探伤仪是一种便携式工业无损探伤仪器,它能够快速、便捷、无损伤、精确地进行工件内部多种缺陷(包括纵向裂纹、横向裂纹、疏松、气孔、夹渣等)的检测、定位、评估和诊断。既可以用于实验室,也可以用于工程现场。广泛应用在锅炉、压力容器、航天、航空、电力、石油、化工、海洋石油、管道、军工、船舶制造、汽车、机械制造、冶金、金属加工业、钢结构、铁路交通、核能电力等行业。

超声波探伤仪的种类繁多,但在实际的探伤过程,脉冲反射式超声波探伤仪应用最为广泛。一般在均匀的材料中,缺陷的存在将造成材料的不连续,这种不连续往往又造成声阻抗的不一致,由反射定理我们知道,超声波在两种不同声阻抗的介质的交界面上将会发生反射,反射回来的能量的大小与交界面两边介质声阻抗的差异和交界面的取向、大小有关。脉冲反射式超声波探伤仪就是根据这个原理设计的。

1. 超声波探伤仪物理基础

介质的一切质点,是以弹性力互相联系的。某质点在介质内振动,能激发起周围质点的振动。振动在弹性介质内的传播过程,称为波。波有电磁波(电波和光波)和声波(或称机械波)。

声波是一种能在气体、液体、固体中传播的弹性波。它可分为次声波、可闻声波、超声波及特超声波。人耳所能听闻的声波范围为 20～20000 Hz。频率超过 20000 Hz，人耳所不能听闻的声波，称超声波。声波的频率越高，越与光学的某些特性(如反射、折射定律)相似。

超声波在被检测材料中传播时，材料的声学特性和内部组织的变化对超声波的传播产生一定的影响，通过对超声波受影响程度和状况的探测了解材料性能和结构变化的技术称为超声检测。超声检测方法通常有穿透法、脉冲反射法、串列法等。

反射法是基于超声波在通过不同声阻抗组织界面时会发生较强反射的原理工作的，正如我们所知道，声波在从一种介质传播到另外一种介质的时候在两者之间的界面处会发生反射，而且介质之间的差别越大反射就会越大，所以我们可以对一个物体发射出穿透力强、能够直线传播的超声波，然后对反射回来的超声波进行接收并根据这些反射回来的超声波的先后、幅度等情况就可以判断出这个组织中含有的各种介质的大小、分布情况以及各种介质之间的对比差别程度等信息(其中反射回来的超声波的先后可以反映出反射界面离探测表面的距离，幅度则可以反映出介质的大小、对比差别程度等特性)，超声波探伤仪从而判断出该被测物体是否有异常。在这个过程中就涉及很多方面的内容，包括超声波的产生、接收、信号转换和处理等。

产生超声波的方法是通过电路产生激励电信号传给具有压电效应的晶体(比如石英、硫酸锂等)，使其振动从而产生超声波；而接收反射回来的超声波的时候，这个压电晶体又会受到反射回来的声波的压力而产生电信号并传送给信号处理电路进行一系列的处理，超声波探伤仪最后形成图像供人们观察判断。

超声波探伤仪检测不但可以做到非常准确，而且相对其他检测方法来说更为方便、快捷，也不会对检测对象和操作者产生危害，所以受到了人们越来越普遍的欢迎，有着非常广阔的发展前景。

2. 超声波探伤仪主要技术指标

(1)灵敏度

灵敏度一般是指整个探伤系统(仪器和探头)发现最小缺陷的能力。发现缺陷越小，灵敏度就越高。

仪器探头的灵敏度常用灵敏度余量来衡量。灵敏度余量是指仪器最大输出时(增益、发射强度最大，衰减和抑制为0)，使规定反射体回波达基准高所需衰减的衰减总量。灵敏度余量大，说明仪器与探头的灵敏度高。灵敏度余量与仪器和探头的综合性能有关，因此又叫作仪器与探头的综合灵敏度。

(2)盲区与始脉冲宽度

盲区是指从探测面到能够发现缺陷的最小距离。盲区内的缺陷一概不能被发现。

始脉冲宽度是指在一定的灵敏度下，屏幕上高度超过垂直幅度 20% 时的始脉冲延续长度。始脉冲宽度与灵敏度有关，灵敏度高，始脉冲宽度大。

(3)分辨力

仪器与探头的分辨力是指在屏幕上区分相邻两缺陷的能力。能区分的相邻两缺陷的距离越小，分辨力就越高。

（4）信噪比

信噪比是指屏幕上有用的最小缺陷信号幅度与无用的噪声杂波幅度之比。信噪比高，杂波少，对探伤有利。信噪比太低，容易引起漏检或误判，严重时甚至无法进行探伤。

3. 操作步骤

①连接好仪器和探头后，打开探伤仪总电源开关，按操作键设置系统的状态。

②按操作键预置年、月、日。进入通道预置状道，选择探伤方式、探头类型，输入探头晶片的尺寸标称值（斜探头还要输入前沿距离）。将探头置于 csk‐ia 型试块上，调整仪器"增益"键。

③测量或用"零点"键预置探头的零点偏移。

④测量或用"声速"键预置声波在工件中传播的速度（声速）。

⑤使用斜探头时需用"k 值"键预置 k 值。

用"声程"键选择仪器的刻度定义和大小。

⑥需要进行表面补偿时用"补偿"键进行补偿。

⑦设置结束后，按"功能"键后即进入工作状态。

⑧在被测工件表面涂上耦合剂，将探头放在被测工件上，移动探头检查工件是否存在缺陷，并对发现的缺陷用"定量"键进行冻结，用"记录"键进行记录。

⑨对检查到的缺陷进行记录。

⑩检测完毕，关闭仪器电源总开关，取下探头，擦去仪器和探头表面的油污后装入仪器箱。

6.1.3　红外热像仪

红外热科技在军民两方面都有应用，最开始起源于军用，逐渐转为民用。在民用中一般叫作热像仪，主要用于研发或工业检测与设备维护中，在防火、夜视以及安防中也有广泛应用。

热像仪是利用红外探测器和光学成像物镜接受被测目标的红外辐射能量分布图形反映到红外探测器的光敏元件上，从而获得红外热像图，这种热像图与物体表面的热分布场相对应。红外热像仪的光路图如图 6‐1 所示。

1. 工作原理

通俗地讲热像仪就是将物体发出的不可见红外能量转变为可见的热图像，热图像的上面的不同颜色代表被测物体的不同温度。通过查看热图像，可以观察到被测目标的整体温度分布状况，研究目标的发热情况，从而进行下一步工作的判断。现代热像仪的工作原理是使用光电设备来检测和测量辐射，并在辐射与表面温度之间建立相互联系。所有高于绝对零度（－273℃）的物体都会发出红外辐射。热像仪利用红外探测器和光学成像物镜接受被测目标的红外辐射能量分布图形反映到红外探测器的光敏元件上，从而获得红外热像图，这种热像图与物体表面的热分布场相对应。

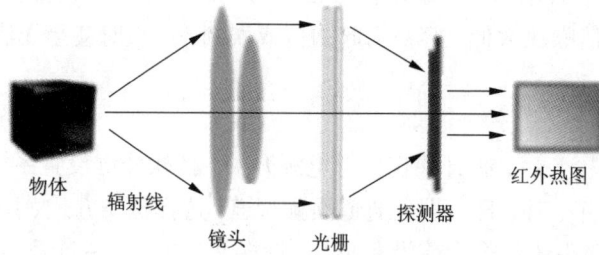

图 6-1　红外热像仪的光路图

2. 仪器构成

红外热像仪的构成包括五大部分:

①红外镜头:接收和汇聚被测物体发射的红外辐射。

②红外探测器组件:将热辐射信号变成电信号。

③电子组件:对电信号进行处理。

④显示组件:将电信号转变成可见光图像。

⑤软件:处理采集到的温度数据,转换成温度读数和图像。

3. 技术指标

(1)热灵敏度/NETD

热像仪能分辨细小温差的能力,它一定程度上影响成像的细腻程度。灵敏度越高,成像效果越好,越能分辨故障点的具体位置。

(2)红外分辨率

红外分辨率指的是热像仪的探测器像素,与可见光类似,像素越高画面越清晰越细腻,像素越高同时获取的温度数据越多。

(3)视场角/FOV

探测器上成像的水平角度和垂直角度。角度越大看到的越广,如广角镜。角度越小看到的越小,如长焦镜。所以根据不同的场合选择合适的镜头也是相当重要的。

(4)空间分辨率/IFOV

IFOV 是指能在单个像素上所能成像的角度,因为角度太小所以用毫弧度 mrad 表示。IFOV 受到探测器和镜头的影响可以发现镜头不变,像素越高,IFOV 越小。反之像素不变,视场角越小,IFOV 越小。同时,IFOV 越小,成像效果越清晰。

(5)测温范围

仪器可以测量的最低温度到最高温度的范围,范围内可具有多个温度量程,需要手动设置。如 FOTRIC 226 测温范围是 $-20 \sim 650℃$,温度量程分为 $-20 \sim +150℃$ 、$0 \sim 350℃$ 和 $200 \sim 650℃$。尽可能选择能符合要求的小量程进行测试,如果测试 $60℃$ 的目标,选择 $-20 \sim 150℃$ 的量程会比选择 $0 \sim 350℃$ 的量程热像图更加清晰。

（6）全辐射热像视频流

保存每帧每个像素点温度数据的视频流，全辐射视频可以进行后期温度变化分析，也可以对每一帧图片进行任意温度分析。

6.2　现代测试技术实验实例

6.2.1　数字图像相关位移测量实验

1. 实验目的

①学习数字图像相关方法的基本原理，了解其实际测量过程。
②利用数字图像相关方法测量三点弯曲实验中橡胶块试件的全场变形。

2. 仪器设备

①照明光源及工业摄像机。
②弯曲梁试件。
③加载架。

3. 实验原理

三点弯曲试样如图 6 - 2 所示。P 为载荷，N；l 为支座间距离，mm；b 为试件截面宽度，mm；h 为试件截面高度。

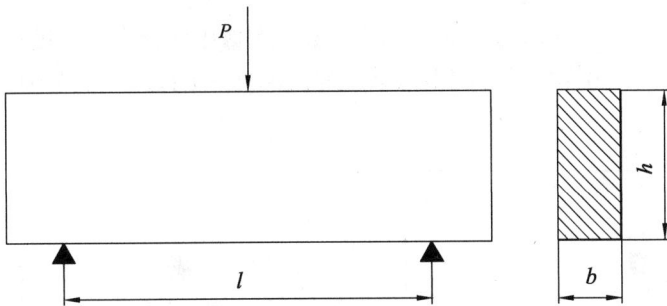

图 6 - 2　三点弯曲试件

照明光源采用白光照明，计算机软件主要由图像采集软件、数字图像相关运算软件、数据处理和绘图软件等组成。

数字图像相关方法的测量系统如图 6 - 3 所示。在被测试件表面制有具有随机灰度分布的人工散斑（可通过喷黑白漆的方法制作人工散斑），使 CCD 摄像机的光学主轴近似垂直于试件表面以对其准确成像。在试验机加载过程中忽略试件表面微小的离面位移影响，假设试件表面只有面内位移。CCD 采集加载前后试件的表面图像，经图像板数字化后，每幅数字图像被离散成为 $M \times N$（pixels）的灰度阵列后存入计算机硬盘。最开始的图像被称为"变形前

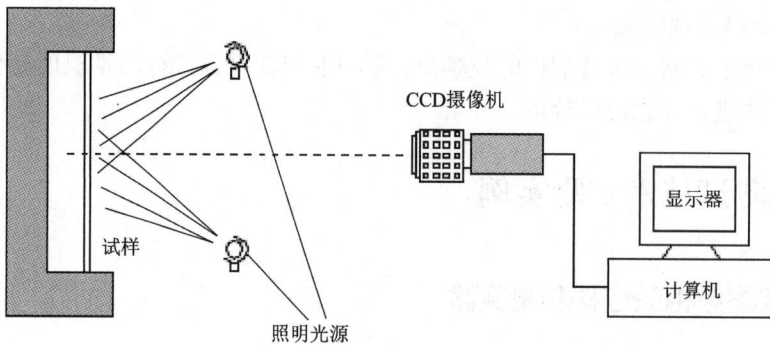

图 6 – 3 数字图像相关方法测量系统示意图

图像(或参考图像)",其后的各幅图像称为"变形后图像"。

利用数字图像相关测量变形物体表面位移的基础是匹配变形前、后变形物体表面数字图像中的对应几何点。因此,数字图像相关方法处理的是被测试件变形前后的两幅图,如图 6 –4 所示。在变形前的图像中,取以所求位移点 (x, y) 为中心的 $(2M+1) \times (2M+1)$ 的矩形参考图像子区(又称模板),在变形后的目标图像中通过一定的搜索方法,并按某一相关函数来进行相关计算,寻找与模板的相关系数 $C(x, y)$ 为最大值的以 (x', y') 为中心的 $(2M+1) \times (2M+1)$ 目标图像子区以确定所求点 (x, y) 的位移 u, v。

可用如下定义的标准化协方差相关函数作为变形前后图像子区相似程度的评价

$$C_1(u, v) = \frac{\sum_{x=-M}^{M} \sum_{y=-M}^{M} [f(x, y) - f_m][g(x+u, y+v) - g_m]}{\sqrt{\sum_{x=-M}^{M} \sum_{y=-M}^{M} [f(x, y) - f_m]^2} \sqrt{\sum_{x=-M}^{M} \sum_{y=-M}^{M} [g(x+u, y+v) - g_m]^2}} \quad (6-1)$$

式中:$f(x, y)$、$g(x+u, y+v)$ 分别为变形前后数字图像中各像素点灰度;f_m, g_m 为其计算窗口的平均灰度值;u, v 为模板中心的整像素位移,该相关函数的取值范围为 $[-1, 1]$。

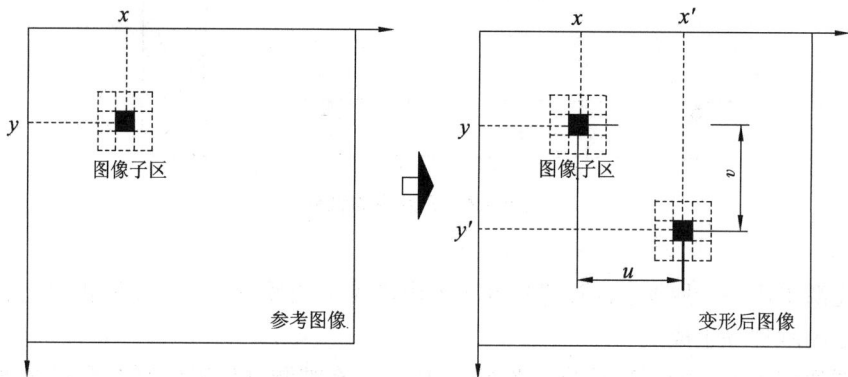

图 6 – 4 二维数字图像相关原理示意图

由于数字图像记录的是离散灰度信息,利用式(6 – 1)的相关函数来进行相关搜索时窗口的平移只能以整像素为单位来进行,因此整像素相关搜索所能获得的位移 u, v 只能是像素的整数倍，还需要通过其他方法来获得亚像素位移精度。

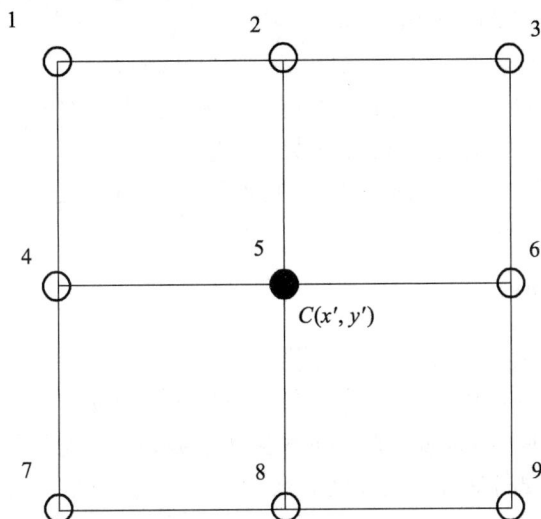

图 6-5 整像素位移搜索结果及其相邻 8 个点

这里用相关系数曲面拟合法来计算亚像素位移，对整像素位移搜索到的 (x', y') 周围各点的相关系数（图 6-5），都可用下面的二元二次函数表示：

$$C(x_i, y_j) = a_0 + a_1 x_i + a_2 y_j + a^3 x_i^2 + a_4 x_i y_j + a_5 y_j^2 \qquad (6-2)$$

对于 3×3 的拟合窗口就 9 个式(6-2)，因此可以用最小二乘法来求解二次曲面的待定系数 $a_0, \cdots, a_5$。

函数 $C(x, y)$ 在拟合曲面的极值点应满足以下方程组：

$$\frac{\partial C(x, y)}{\partial x} = a_1 + 2a_3 x + a_4 y = 0 \qquad (6-3)$$

$$\frac{\partial C(x, y)}{\partial y} = a_2 + 2a_5 y + a_4 x = 0 \qquad (6-4)$$

于是，由式(6-3)、式(6-4)式就可求出拟合曲面的极值点位置：

$$x = \frac{2a_1 a_5 - a_2 a_4}{a_4^2 - 4a_3 a_5}, \quad y = \frac{2a_2 a_3 - a_1 a_4}{a_4^2 - 4a_3 a_5} \qquad (6-5)$$

由(6-5)式求出变形后位置 x，y 后，就可以通过下式求出位移：

$$u = x - x_0, \quad v = y - y_0 \qquad (6-6)$$

这里 x_0，y_0 分别为变形前计算子区的中心位置，u，v 分别为通过上述方法计算得出的 x，y 方向位移。

4. 实验步骤

①安装试件，将载荷和位移显示调零。

②按图 6-3 摆好光路。打开采图软件，镜头调焦成像清晰，可用带字的纸张成像来判断。

③采集一幅载荷为零的图像，保存为 ref. bmp。

④加载到某一载荷停止。

⑤采集变形后图像，存储为 def. bmp。

⑥把刻度尺贴近试件表面，采集图像并保存为 scale. bmp。

⑦打开 DIC 软件设置，根据实际情况选择计算区域大小，可将计算子区设为 41 pixels，计算步长设为 5 pixels，并进行相关计算，输出数据文件。

⑧利用 DIC 软件再计算三点弯曲试件底部的最大挠度并输出。

⑨对计算结果进行分析。

5. 实验结果分析处理

①输出的数据文件包括 5 列数据。各列数据分布为 x 坐标、y 坐标、x 方向位移 u、y 方向位移 v、相关系数(注意：由数字图像相关软件直接输出的位移 u，v 是以像素为单位的)。

②利用科学计算软件(如 origin)画出物体表面的位移场(u 场和 v 场)。

③计算出三点弯曲试件底部的最大挠度 w_{max}(注意：w_{max} 以毫米为单位，需通过像素和毫米之间的比例关系转换得到)。

6.2.2　超声波无损探伤实验

1. 实验目的

通过实验了解超声波探伤的基本原理，并掌握超声波探伤仪的使用和基本的探伤方法。

2. 仪器设备

①超声波探伤仪。

②实验工件。

3. 实验原理

(1)超声波的传播特性

超声波探伤技术就是利用超声波的高频率和短波长的传播特性，即：它具有束射性，如同一束光在介质中直线传播，可以定向控制；它具有穿透性，频率越高，波长越短，穿透能力越强，因此可以探测很深的零件；它具有界面反射性，对质量稀疏的空气将发生全反射。声波频率越高，它的传播特性和光越接近。

(2)超声波探伤仪的工作原理

超声波探伤仪首先是个超声波发生器，它利用交流电路和振荡电路产生高频脉冲并可根据探伤要求调节脉冲的频率和发射能量。超声波探伤仪还具有将接收到的电脉冲依其能量的大小和时间先后通过荧光屏显示出来的功能。发生器使示波管产生水平扫描线，接受放大器接受的脉冲信号作用于示波管的垂直偏转板，并按信号接收到的时间先后将水平扫描线的相应部位拉起脉冲值。

探伤仪内部由"同步发生器""高频发生器""扫描发生器""示波管"等电路构成。在探伤仪面板上有许多工作旋钮，应根据被测工件的材料、形状来选择适当的"频率""探伤距离""工作方式"，并根据荧光屏上的波形显示，调整始脉冲位置、底脉冲位置和高度。

4. 实验步骤

①检查各线路是否可靠。

②熟悉探伤仪面板上各个旋钮的作用。

③根据工件材料选择探头频率，并接好接头。

④检查工件的表面情况，清除锈污等。

⑤准备好耦合剂、毛刷等工具。

⑥打开开关，待扫描出现后，调节扫描始点与零刻度值重合。

⑦测定，以一定压力缓慢移动探头，使工件表面与探头尽量接触好。

⑧记录所需要的数据。

6.2.3　热红外无损探伤实验

比 0.78 μm 长的电磁波位于可见光光谱红色以外，称为红外线，又称红外辐射。波长为 0.78 ~ 1000 μm 的电磁波中波长为 0.78 ~ 2.0 μm 的部分称为近红外，波长为 2.0 ~ 1000 μm 的部分称为热红外线。自然界中，一切物体都可以辐射红外线，因此利用探测仪测量目标本身与背景间的红外线差可以得到不同的热红外线形成的红外图像。

1. 基本原理

如果对工件进行加热(主动式)，便可在工件中形成热流传播过程。工件中有缺陷和无缺陷的区域因热传导率不同而造成对应表面的温度差异，其对应的红外辐射强度也不同，只要采用红外热像仪记录工件表面的温度场分布(红外热图像)就可以检测出工件中是否有裂纹、剥离、夹层等缺陷。

2. 检测方法

红外热成像无损检测系统构成模块如图 6 - 6 所示。红外光源对工件进行加热，工件表面温度场分布由红外热像仪接收后，输出的视频经视频采集卡采集后送微机进行图像处理，将处理结果再送到摄像机进行保存和显示器显示。

3. 应用领域

通过红外热像仪接收被测物体所发射的红外能量，可以把不可见的红外信息转换成可见光图片。物体的温度越高，所发射的能量越多。典型的红外热像仪类似标准的便携式摄像机，能够实时拍摄来自物体的热辐射。它可以提供基本的温度范围，用不同的颜色图像更容易的阐述温度图谱。

进入 21 世纪，红外无损检测技术的应用范围变得更加广泛，遍布工业发展的各个领域，在航空航天、机械、太阳能、风电、工业控制、交通运输、汽车制造等行业普遍采用，成为不可或缺的质量保证手段。

①测航空/航天器铝蒙皮加强筋开裂与锈蚀，机身蜂窝结构材料、碳纤维和玻璃纤维增强多 层复合材料缺陷的检测、损伤判别与评估。

②火箭液体燃料发动机和固体燃料发动机的喷口绝热层附着检测。涡轮发动机和喷气发

动机叶片的检测。

③新材料(特别是新型复合结构材料)的研究。对其从原材料到工艺制造、在役使用的整个过程中进行无损检测和评估。

④多层结构和复合材料结构中,脱黏、分层、开裂等损伤的检测与评估。

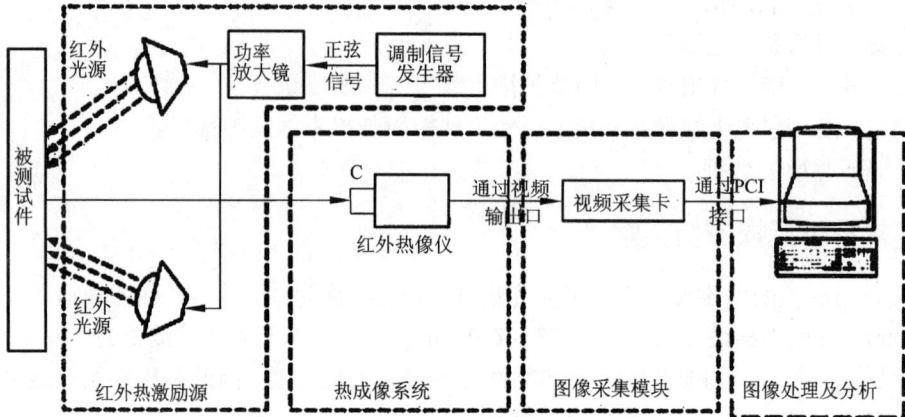

图6-6 红外热成像无损检测系统构成模块

⑤各种压力容器、承载装置表面及表面下疲劳裂纹的检测。

⑥各种粘接、焊接质量检测,涂层检测,各种镀膜、夹层的探伤。

⑦测量材料厚度和各种涂层、夹层的厚度。

⑧表面下材料和结构特征识别。

⑨运转设备的在线、在役监测。

参考文献

［1］孙训方. 材料力学1, 材料力学2.［M］. 第5版. 北京: 高等教育出版社, 2015.

［2］洪嘉振. 理论力学.［M］. 第4版. 北京: 高等教育出版社, 2015.

［3］计欣华, 邓宗白, 鲁阳等. 工程实验力学.［M］. 第2版. 北京: 机械工业出版社, 2010.

［4］邓宗白, 陶阳, 金江. 材料力学实验与训练［M］. 北京: 高等教育出版社, 2014.

［5］刘彦菊. 工程力学实验［M］. 哈尔滨: 哈尔滨工业大学出版社, 2015.

图书在版编目(CIP)数据

工程力学实验教程／李君,徐飞鸿主编. —长沙:
中南大学出版社,2019.9(2022.1 重印)
ISBN 978 - 7 - 5487 - 3748 - 3

Ⅰ.①工… Ⅱ.①李… ②徐… Ⅲ.①工程力学一实
验一高等学校一教材 Ⅳ.①TB12 -33

中国版本图书馆 CIP 数据核字(2019)第 196058 号

工程力学实验教程

李 君 徐飞鸿 主编

□责任编辑	刘颖维		
□责任印制	唐 曦		
□出版发行	中南大学出版社		
	社址:长沙市麓山南路		邮编:410083
	发行科电话:0731 - 88876770		传真:0731 - 88710482
□印 装	长沙市宏发印刷有限公司		

□开 本	787 mm×1092 mm 1/16	□印张 7.25	□字数 180 千字
□版 次	2019 年 9 月第 1 版	□印次 2022 年 1 月第 2 次印刷
□书 号	ISBN 978 - 7 - 5487 - 3748 - 3		
□定 价	32.00 元		